丛书编委会

总　策　划： 来新国　王文成

编委会主任： 郭齐勇　周晓亮

编　　　委： 来新国　陈知涯　张　彧　尹格韬　沈　众

　　　　　　　王文成　孟淑贤　周长志　罗养毅　秦　丹

　　　　　　　乌　琛

大家精要

德谟克利特

闻骏 著

Democritus

陕西师范大学出版总社

图书代号 SK17N0224

图书在版编目（CIP）数据

德谟克利特/闻骏著. —西安：陕西师范大学出版总社
有限公司，2017.5（2024.1重印）
（大家精要）
ISBN 978-7-5613-8973-7

Ⅰ.①德…　Ⅱ.①闻…　Ⅲ.①德谟克利特（约前460—
前370）— 传记　Ⅳ.①B502.213

中国版本图书馆CIP数据核字（2017）第068688号

德谟克利特　DEMOKELITE

闻　骏　著

责任编辑	陈柳冬雪	
责任校对	郑若萍	
特约编辑	仲济云	
封面设计	张潇伊	
出版发行	陕西师范大学出版总社	
	（西安市长安南路199号　邮编 710062）	
网　　址	http://www.snupg.com	
印　　制	永清县晔盛亚胶印有限公司	
开　　本	650 mm×930 mm　1/16	
印　　张	10	
字　　数	100千	
版　　次	2017年5月第1版	
印　　次	2024年1月第2次印刷	
书　　号	ISBN 978-7-5613-8973-7	
定　　价	45.00元	

读者购书、书店添货或发现印刷装订问题，请与本公司销售部联系、调换。

电话：（029）85303879　　传真：（029）85307864　　85303629

目　录

第 1 章

百科全书式的学者：德谟克利特

去读"世界这本大书"

德谟克利特（Democritus），普罗塔哥拉的同乡。德谟克利特是赫格希斯特拉托斯的儿子，但一些人说他是阿特诺克里托斯的儿子，还有人说他是达马希波斯的儿子。他是阿布德拉人，不过也有一些人说他是米利都人。当时古希腊一共有六个叫德谟克利特这个名字的人。第一位就是这位哲学家；第二位与他同时，是开俄斯的一位音乐家；第三位是安提戈洛斯曾提及过的一位雕塑家；第四位是一位作家，著有关于爱菲斯神庙和萨摩特拉克城邦的书；第五位是一位诗人，其诗非常清丽典雅；第六位是珀尔迦谟斯人，精通演讲术。

按照第欧根尼·拉尔修的描述，德谟克利特自己在《小宇宙系统》中亲口说当阿那克萨戈拉已经是个老年人的时候，他自己还是一个年轻人，比阿那克萨戈拉足足小了40岁。据阿波罗多洛在《编年史》中所说，他应生于第80届奥林匹亚赛会（约前460～前457），但照塞拉绪罗在《德谟克利特著作导言》中说，他生于第77届奥林匹亚赛会的第三年（前470～前469），比苏格拉底大一岁。虽然用奥林匹亚赛会来纪年是古希腊最通行的纪年方式，但上面的两种记载相差十年，差距有点大。后人一般公认的是，德谟克利特出生于公元前460年左右。这样算起来的话，他比阿那克萨戈拉大约要年轻40岁，和阿凯劳斯、苏格拉底这些哲学家大致生活在同一时代。有关他去世的年代却并无任何可靠记载，时至今日所有学者都认定德谟克利特必定拥有当时极其罕见的高寿，他活了90岁、95岁、100岁、109岁的说法都曾经出现过，据此推测他应该死于公元前360年左右。

　　阿布德拉是德谟克利特出生的地方，同时也是他学术生涯的主要活动区域。早在公元前6世纪，希腊人就建立起了阿布德拉城邦，它也是希腊本土一系列殖民扩张和海外移民活动的结果。从地域上看，古代希腊并不仅仅限于今天巴尔干半岛南端的希腊半岛及其邻近岛屿。古希腊哲学产生时的希腊主要是以爱琴海为中心的广阔区域，东到爱琴海对岸的小亚细亚地区及其附近诸多岛屿，西至南意大利地区，还包括爱琴海南部的克里特岛。随着海外殖民扩张，古希腊实际控制的领域还在不断扩张。爱琴海地区主体部分的希腊半岛分为北、中、南三个部分。北部包括埃皮鲁斯和帖撒利两部分，其中埃皮鲁斯是贫瘠山地，而帖撒利最著名的就是东部的奥林匹斯山，在古希腊神话中这里是希腊诸神特别是以宙斯为核心的奥林匹斯神族居住的地方。中部包括雅典所在的阿提卡地区和以底比斯为中心的彼俄提亚地区，往西还有多利斯、福基斯这些山区，著名的德尔菲神庙就坐落在这个地方。南部希腊就是伯罗奔尼撒半岛，主要包括拉科尼亚和美赛尼亚两个地区，后来的斯巴达城邦就坐落在这一地区。

爱琴海对岸的小亚细亚地区是古代希腊与东方联系的交通要道，古希腊哲学的发源地米利都和爱菲斯都属于小亚细亚西部、爱琴海东岸的伊奥尼亚地区。环绕着克里特岛的爱琴海气候宜人、风景秀丽，环抱着无数个大大小小的岛屿。良好的海洋环境使得人们乐于并且也很自然地会选择航海出行，大大小小的岛屿勾连起了整个爱琴海地区。伊奥尼亚地区气候温和、土地肥沃、物产丰富，自古以来就是富庶之地。在伊奥尼亚周围的任何地方，不管是北方、南方、东方，还是西方，都没有伊奥尼亚那样得天独厚的条件。在其他地区，气候不是太寒冷、阴湿，就是过于炎热和干燥。希腊人最早在这里所建立的十二个城邦依次是：米利都、米乌斯、普里耶涅、爱菲斯、科罗封、勒柏杜斯、提奥斯、埃律特莱伊、克拉佐门尼、佛凯亚、萨摩斯和开俄斯。在这十二个城邦中，又以米利都、爱菲斯和萨摩斯最为发达。它们也成为古希腊哲学最早的发源地。

而与之遥遥相对的则是古希腊哲学最早发生的另一个地区，即南意大利地区。南意大利和西西里岛附近区域在古希腊统称为大希腊地区。南意大利地区是古希腊海外殖民扩张的结果。其三面临海，属地中海亚热带气候，雨水充足，土地肥沃，既适宜发展农业，也适合发展海上交通和海上贸易，这里与希腊本土、北非和小亚细亚地区海上交通都极为方便。古代的西西里地区是当时希腊哲学家活动的重点区域，早期的毕达哥拉斯学派和爱利亚学派都属于南意大利的哲学流派。

希腊本土最早的文明是克里特文明。在公元前 3000 年左右，这里就已经进入了青铜时代。克里特文明以克里特岛为中心，出现了大量的王宫建筑，并且出现了象形文字。从地下的考古发掘来看，克里特文明在建筑、工艺、雕刻等方面都达到了相当高的水平。后来，由于火山爆发、大地震和其他不明的原因，克里特岛的主要地区曾经三次被毁，克里特文明从此逐渐衰落，直至退出历史舞台。

真正创造出辉煌灿烂的古希腊文明的不是希腊本土居民，而是外来的迁徙者和征服者。早在公元前 2000 年左右，印欧语系民族的一支开始进入希腊半岛，他们被称作阿卡亚人，也就是后来的第一代希腊人。公元前15世纪左右，阿卡亚人来到希腊地区，进入克里特岛。他们征服了当地的土著居民，并于公元前1450年左右确立了统治地位，克里特文明就此终结。

这些阿卡亚人在希腊本土的伯罗奔尼撒半岛建立了迈锡尼文明，这就是我们今天所说的最早的希腊文明。公元前1600年到公元前1500年间，阿卡亚人建立了迈锡尼王朝。迈锡尼文明已经有大型的王宫建筑，有青铜制造的农具和武器，有成熟的文字。由于希腊地区土地资源匮乏，耕地少，三面临海，周围有无数岛屿，适合航海经商，所以迈锡尼地区的造船业和商业都相当发达。希腊人充分利用希腊半岛所提供的非常有利的商业和海运条件，通过海上贸易建立起由商业和海上交通枢纽，自然形成了城邦。希腊商品经济和海上贸易的发展导致了跨氏族、跨地域的大量商品交换的发生，也因此，这些城邦不再沿袭古代原始氏族-部落社会的血缘纽带，而建立起以奴隶社会私有制为原则的契约关系和法制规范。

除此之外，希腊人很早就形成了海上掠夺和海外殖民扩张的历史。他们在爱琴海两岸和诸岛屿之间，在小亚细亚沿岸进行海外扩张。一方面促进了希腊民族的融合和统一，另一方面也极大地推动了希腊本土移民和扩张。荷马史诗《伊利亚特》所描述的特洛伊战争就是其中的一次重要战役。公元前12世纪初，迈锡尼的珀罗普斯王朝国王阿伽门农率领希腊联军远征小亚细亚的特洛伊城，经过十年的战争，最后终于攻陷特洛伊城，这就是著名的特洛伊战争。它是希腊境内各部落、各城邦之间的第一次联合军事行动，大大促进了希腊民族的形成。然而，这场远征也构成了迈锡尼文明由盛转衰的转折点，特洛伊战争结束后，迈锡尼文明也逐渐走向衰落。

公元前 12 世纪时，又一支同属于希腊民族的多利斯人大规模迁徙南下来到希腊半岛和爱琴海地区，他们摧毁了迈锡尼，结束了迈锡尼文明的历史。多利斯人的入侵导致了希腊文明暂时性的历史倒退，野蛮落后的部落和民族极大破坏了原来先进的生产力和文化。但与此同时，它也进一步推进了希腊民族的融合与统一，形成了伊奥尼亚人、埃俄利亚人和多利斯人三足鼎立的民族格局，从而反过来大大促进了希腊本土生产力和文明的发展。在克里特-迈锡尼文明时期，古希腊社会尽管已经逐渐摆脱建立在血缘关系上的原始氏族社会的发展阶段，开始迈向以奴隶社会私有制为基础的商品经济和商品社会，但当时也仅有少数几个城市和地区出现了奴隶制的萌芽，绝大多数地区还处在原始氏族社会阶段。而到了荷马时代的后期，部落大迁徙的历史已经结束，希腊开始逐渐由分散性的氏族部落向统一的民族社会转变，而整个希腊社会除个别地方外，都已经开始向奴隶社会过渡。真正的希腊文明已经初具雏形。

荷马时代出现了著名的《荷马史诗》和赫西俄德的《神谱》，它们共同记述了关于奥林匹斯神族的古希腊神话。赫西俄德是大约生活在公元前 9～前 8 世纪的希腊诗人。他所著的《神谱》一书，把原先在民间流传的纷乱复杂的原始神话编纂成一个具有内在一致性和连贯性的神话体系，展现给世人的是一幅清晰明白的神族谱系。这一神话体系认为大地起初一片混沌，从大地之母该亚分离出一系列最初的神，而她与乌兰诺斯的结合产生出了泰坦神族的诸神。泰坦神族的主神克洛诺斯后来用一把大镰刀阉割了自己的父亲乌兰诺斯，并取代了乌兰诺斯在神界中的统治地位。而克洛诺斯也未能摆脱这一命运，他与瑞亚的结合产生了奥林匹斯神族的诸神，最终奥林匹斯神族的主神宙斯取代了其父亲克洛诺斯的统治地位，并最终确立了奥林匹斯神族的统治地位。这一神话体系在公元前 7 世纪左右流行于希腊本土、小亚细亚和南意大利地区，也就是我们今天所说的古希腊神话。这种神话最大的特征就是将自然力量拟人化，用神话的体系来解释宇宙和自然现象，解释人间社会秩序和人类社会的发展演进。古希腊神话表明当时的古希腊人试图以神话想象的形式来探索宇宙和自然事物的起源，试图在宇宙万物中寻找某种唯一的根源，这也就是后来古希腊哲学所要追寻的那个本原或始基。从这一角度来说，古希腊神话恰恰孕育着古希腊哲学的思想萌芽。

公元前 8 世纪以后，经过克里特-迈锡尼文明和荷马时代后，希腊正式进到城邦奴隶制的时代，逐渐建立起了城邦奴隶制的经济政治制度。公元前 6 世纪以后，雅典和斯巴达逐渐成为最强盛的城邦。新兴的希腊文明以其独立而自由的城邦社会与东方那些幅员辽阔的专制帝国（如埃及、波斯等）形成鲜明对照。希腊城邦相互独立、地域狭小、人口有限（希腊最大的城邦斯巴达面积不过 3000 平方公里，而雅典城邦在其最鼎盛时期的人口也不过 40 万），其政体形式也各不相同，但是每个城邦都是自由公民的集合体，大都奉行自由主义的政治原则（除了斯巴达这个军事化的城邦外）。无论是实行君主制、僭主制还是民主制，这些城邦都遵从一定的法律规范。因此，法律和规范构成希腊人的生存之本。事实上，城邦正是由于其立法和规范而获得其本质规定，像梭伦这样有影响的立法者也因此成为希腊城邦的缔造者。

从地理位置上看，德谟克利特所在的阿布德拉城邦位于希腊本土东北端的色雷斯地区，处在从希腊本土到东部小亚细亚的要冲地带，经济繁荣、文化发达，它同时也是智者派代表人物普罗塔哥拉的老家，和亚里士多德的故乡色雷斯的斯塔吉拉相毗邻。当时，阿布德拉和雅典在学术文化上关系紧密。著名的希波战争使色雷斯地区成为东西方文化交汇之处，而雅典此时也正是希腊政治、经济和文化中心，虽然后来的伯罗奔尼撒

战争严重挫伤了雅典城邦，但此时的希腊文明正处在经济繁荣、政治革新、文化昌盛的黄金时代。德谟克利特的童年生活就是在这样一个时代、这样一个地区度过的。

德谟克利特出身于一个非常良好的家庭。他的父亲在阿布德拉当地是一个有声望、有身份、有地位、有资产的成功人士。据说，在希波战争中，波斯王薛西斯率大军经过色雷斯时，曾经受到他父亲的热情款待，而作为回报，波斯王薛西斯给他父亲留下了一批有学问的人。这些来自东方的高级知识分子不仅进一步提升了德谟克利特父亲在当地的名望，而且后来也成为德谟克利特的私人教师。因此，第欧根尼·拉尔修坚持认为德谟克利特是波斯的玛伽僧侣和迦勒底星相家的学生，当德谟克利特还是小孩子的时候，就曾师从这些人学习天文学和星相学。著名史学家希罗多德也曾这样认为。法沃里诺在其《历史杂记》中讲，德谟克利特曾说阿那克萨戈拉的关于太阳和月亮的学说并非他本人原创，而是来自前人，他窃取了它们而已。由于阿那克萨戈拉拒不接受德谟克利特为学生，德谟克利特对他恨之入骨，对其宇宙生成论和心灵学说也大加嘲讽。

据说德谟克利特从小就天资聪颖、勤奋好学，表现出极强烈的求知欲望。德谟特里俄斯说德谟克利特非常勤奋，他在环绕着住宅的花园里隔出一间小屋，将自己关在里面苦读。有一次，他的父亲为了祭祀牵来一头牛，将之拴在小屋旁边，过了很久德谟克利特也没有发觉，直到他父亲前来叫他参加祭祀并告知牛的事情。安提司特涅斯说，他不断锻炼自己，用各种方式检验自己的种种感知；他时常一个人独处，甚至在墓地打发时间。阿特诺多洛斯在《漫步讨论》第八卷中说，有一次，希波克拉底前去看望德谟克利特时让人带上了一些奶，德谟克利特观察了奶后说道，这是一只刚产下头胎羊羔的黑山羊的奶，这令希波克拉底对他的观察之精准啧啧称奇。

通过了解东方的宗教文化和科学思想，德谟克利特培养了追求真理、探寻知识的兴趣爱好。他鄙视财富，专注学问，兴趣爱好极其广泛，不仅要学习已有的书本知识，而且决意走出书斋，决心在"世界这本大书"里去寻找学问，在更加广阔的世界中获取更多、更丰富的科学知识。正所谓"读万卷书，行万里路"。据说他把自己所分得的遗产全部花费在游历世界上，如同我们今天的年轻人立志要做一个"背包客"，去游历世界，"走一回青春"。

他游学的地区非常之广，曾到过埃及、波斯、巴比伦、印度等地，在同时代的学者中，于此只有著名的历史学家希罗多德可以和他相媲美。据说，他曾赴埃及向祭司学习几何学和土地测量技术，曾去波斯结识那些著名的星相学家，曾经独自一人越过红海，直达埃塞俄比亚，甚至到印度河流域，专门向那些裸形智者求学。据德谟克利特本人自述："在我的同辈人中，我漫游了大地的绝大部分，探索了最遥远的东西；我看见了最多的地方和国家，我听见了最多的有学问的人的讲演；而在勾画几何图形并加以证明方面，没有人超过我，就是埃及的所谓土地测量员也未能超过我。在那里作客时我已年近八十岁了。"

正是通过游历世界，德谟克利特不仅仅获得了极为丰富的知识，而且也极大地开阔了自己的眼界。他在游历过程中广泛学习了天文学、几何学、物理学、数学、伦理学、文学和技艺等方面的知识，而且拜很多名人为师，比如留基波、阿那克萨戈拉、苏格拉底等人。第欧根尼·拉尔修保留下来的德谟克利特著作目录中，就包括《巴比伦的圣书》（*The Sacred Writings in Babylon*）、《迦勒底研究》（*A Chaldaic Discourse*）、《弗里吉亚研究》（*A Phrygian Discourse*）、《环洋航行》（*The Voyage round the Ocean*）和研究当时数学几何学前沿问题的著作。这些著作充分表明，游学经历使他获得了极为广博的知识和眼界，这些积累都为他日后成为百科全书式的学者打下了深厚的基础。

当德谟克利特80岁高龄从外面的世界游历归来时，已经是孑然一身、一贫如洗，过着一种卑微的生活。因为他已经花光了他的全部钱财，只能靠他的兄弟达玛苏斯的资助来维持生活。但他却凭借自己有关天文学和星相学的知识作出预言，从而获得了一笔额外的财富，他一下子就名声远播，在余下的日子里被人们当作神一样加以尊敬。据说这个预言故事是这样的：在一次盛暑收割小麦的时候，通过对天象变化的观察，他劝大家立即停下收割，先去收藏已经割好的麦子。不久天降暴雨，没有相信他的话的人大受损失。他还根据所观察的星象，预言橄榄的收成不好，油价会上涨，从而为自己带来了一笔财富。

这些故事和亚里士多德所记载的有关泰勒斯的故事有很相似的地方。亚里士多德曾经记载过这样一则逸闻：据说，泰勒斯曾经利用自己的天文学知识，观测到来年夏天橄榄会大丰收。于是他就用手头的一小笔钱租下了米利都和开俄斯所有的榨油机。由于当时没有人跟他争价，所以租价很低。到了收获时节，突然间需要许多榨油机，他就把这些榨油机租出去，并且恣意抬高租金，由此赚了一大笔钱。阿布德拉当地的老百姓甚感惊异，都以为德谟克利特是开了天眼的神人。亚里士多德欣喜地想要告诉我们：只要哲学家们愿意，他们很容易就可以发财，可惜这并不是他们真正感兴趣的。

这几则故事说明，德谟克利特和早年的泰勒斯一样都是真正具有丰富学识，真正堪称具有大智慧的古希腊哲学家。

当时有一条法律，规定凡是挥霍完了遗产的人死后不得葬在祖国。安提司特涅斯说，德谟克利特很清楚这一点，他不愿受到那些嫉妒和中伤他的人的起诉，于是他向人们朗诵他的《大宇宙》——该书是他所有著作中最好的，并赢得了五百塔朗同的奖励。不仅如此，他还赢得了一尊铜像。他活了一百多岁。死后，人们以国葬的方式安葬了他。但德谟特里俄斯说，是他的亲戚朗诵了《大宇宙》一书，赢得的奖励也只有一百塔朗同；希珀伯托斯也持同样的说法。

赫尔米珀斯说德谟克利特非常衰老行将死去的时候，他的妹妹认为他会在地母节期间去世，对此非常焦急，因为那样一来她就无法履行对神的义务。德谟克利特让她不要担心，并吩咐她每天都给他送来热面包。他将那些热面包放在他的鼻孔边，活过了地母节。但三天的节日一结束，他就没有任何痛苦地结束了生命。据希帕尔科斯说，他活了 109 岁。

德谟克利特漫长的一生，恰恰经历了整个古希腊奴隶民主制由盛转衰的历史发展时期。童年时代的德谟克利特恰逢希波战争结束，伯里克利登上历史舞台，古希腊特别是雅典城邦步入黄金时代，一派政治革新、经济繁荣、文化昌盛的鼎盛气象。德谟克利特的鼎盛年在公元前 420 年左右，正值伯罗奔尼撒战争，雅典同盟在这场战争中遭遇惨败，内忧外患之下的雅典民主政治开始走向衰落。德谟克利特的一生跨越两个世纪，处在这样一个历史转变时期，他的哲学代表了早期希腊自然哲学的顶峰，也是它的终结，同时又开启了以他、柏拉图和亚里士多德为代表的希腊哲学系统化的新阶段。可以说，德谟克利特是一位承前启后的重要思想家。

真正百科全书式的学者

应当说，德谟克利特所积累与研究的丰富的自然哲学、数学、几何学、经验科学知识和人文、社会知识，正是他日后能够成功建立起原子论哲学的重要基础。后来的马克思和恩格斯都曾经盛赞德谟克利特是"经验的自然科学家和希腊人中第一个百科全书式的学者"。

自从伊奥尼亚哲学传统形成以来，自然哲学与科学思想在不断深化和发展，一些学科如数学、几何学、生理学和医学等已初具规模。而在伯里克利时代，历史学、逻辑学、修辞学、伦理学、文学（尤其是希腊悲剧）、建筑、雕塑、绘画等人文与社会知识也获得了前所未有的长足发展。通过阅读书籍和游历世界，德谟克利特广泛学习和吸收了当时已有的各种知识成果和科学成就，广泛深入地从事各种科学研究。

据说，希波克拉底曾去拜访他，发现他正坐在一棵大树下，四周堆放着正在解剖的动物躯体。他独自深入考察过天文、气象，编过历法，探索过尼罗河泛滥的原因，研究过圆锥切割定理等高深的数学、几何学问题，专门探讨过海盐的成因、地理与地震、光线辐射、动物生理、胚胎形成、植物生长、医疗摄生和社会伦理、政治、审美、逻辑学、修辞学与语言等，差不多涉及当时人类知识的每一个领域。正如塞拉绪罗所评述的："德谟克利特确实通晓哲学的每一分支，因为他娴熟于物理学和伦理学，还有数学以及教育的正规项目，他还是通晓艺术的行家。"这正是他有别于早期希腊其他自然哲学家之处，也造就了他能够成为亚里士多德之前第一位堪称百科全书式的学者。渊博的知识、丰富的学识也成为德谟克利特能在前人基础上完整、系统地建立原子论哲学的重要基础。

单从基本哲学素养上来说，德谟克利特接受过优良的哲学训练，对早期希腊哲学诸流派有深入且独到的研究，开阔的学术眼光和思想视野使他能够博采众家，兼容并蓄，正所谓"海纳百川、有容乃大"，这也是他能建立原子论哲学的重要条件。他曾师从于阿那克萨戈拉，深受伊奥尼亚自然哲学传统的影响。他曾受教于毕达哥拉斯学派，曾专门写过一部题为《毕达哥拉斯》的著作。他注重研究数学和几何学，强调原子的几何形状和原子在虚空中结合的形式结构。他和留基波都研究过爱利亚学派，深入研究过巴门尼德和芝诺关于"存在"和"一"的学说。

总之，原子论哲学继承和发展了伊奥尼亚自然哲学传统，吸收并改造了南意大利毕达哥拉斯学派和爱利亚学派的哲学思想，循着元素说和种子说的思考方向，更深入地研究物质内部结构和基本微粒，从而建立起更抽象、更深刻、更科学的原子论哲学。在这一过程中，德谟克利特的原子论哲学既体现出了一种综合性的理论视野，具有一种海纳百川、兼容并蓄的思想气度和理论胸襟，同时也体现出了一种难能可贵的科学的、逻辑的、严谨的和务实的思想作风。

德谟克利特把毕生精力都投注于学术研究，不重名利，性格温和，性情恬淡，为人善良，处世达观。罗马时代的西塞罗和诗人贺拉斯说他是"欢笑的哲人"，与以思想晦涩而闻名的赫拉克利特恰好形成鲜明对照。这一评价既是在描述他的哲学，同时也适用于对他本人的描述。他拥护奴隶民主制，但没有参与和从事过任何政治活动。他曾造访过雅典，那时苏格拉底已经是雅典城邦赫赫有名的人物，而他只是一个默默无闻之辈，尽管在家乡阿布德拉城邦他已经是一个众所周知的名人。德谟克利特曾自嘲地说："我来到雅典，但是什么人也不认识我。"在德谟克利特看来，死亡不过是灵魂原子同身体原子相分离，是原子相互间自然的聚合分离。卢克莱修曾在诗中赞颂道："当成熟的高年提醒他，他的记忆的心灵的运动已经衰退的时候，就出自本意地把他的头颅献给死神。"他逝世后，阿布德拉城邦为他举行了隆重葬礼，还为他专门竖立了一尊铜像，以供阿布德拉城邦的后人瞻仰。

久远的思想传奇

德谟克利特的思想在当时已经广为流传，而且颇具影响。

据说，柏拉图在生前就已经知道他的学说。据后人分析，在柏拉图的对话录中，苏格拉底曾用"全能的运动员"影射这位叫作德谟克利特的哲学家。在柏拉图晚年讨论宇宙论的著作《蒂迈欧篇》中，也可以依稀窥见德谟克利特哲学的蛛丝马迹。阿里斯托森在他的《历史实录》中相当肯定地说，柏拉图想把他所能收集到的德谟克利特的著作全部烧掉，但是毕达哥拉斯学派的阿密克拉和克利尼亚劝阻他，说这样做是无用的，因为这些著作已经广泛传播了。柏拉图在他的对话录中几乎提到过所有早期的希腊哲学家，却没有一处提到德谟克利特，甚至采用含沙射影的方式，对此的一种合理解释是柏拉图把这位德谟克利特看作其哲学思想的最重要的思想劲敌。这初听起来令人咋舌，连柏拉图这样的大哲学家竟然也会对德谟克利特的思想产生羡慕、嫉妒、恨。这充分说明了德谟克利特思想在当时有广泛影响。

德谟克利特曾撰写过大量著作，卷本之多、内容之广，在同时代人中无人可以与之相媲美。他的百科全书式的著作，可以和后来亚里士多德的相提并论。公元 1 世纪的塞拉绪罗曾按照编排柏拉图著作的同样方式，编纂了德谟克利特的著作，可惜现在仅存下一个目录，内容早已佚失。目录分列为伦理学、物理学、数学、文学和音乐、技术 5 大类，按 4 部（篇）一组编排，有 13 组，再加上未列入 5 大类的著作 2 组 18 篇，总计

15 组 70 部（篇）。从这些书的题目可以看出，他论述了哲学、物理学、数学、天文学、地理学、逻辑学、心理学、动植物学、医学、摄生学、社会伦理学、政治学、历史学、诗学、音乐、绘画、语言学、农业耕作乃至军事学等各个方面的问题，几乎探索了当时自然哲学、自然科学和人文、社会知识的一切领域。可惜德谟克利特的完整原著基本上都没有保存下来，连有关自然哲学的第一手的原著残篇都已佚失。

据说，公元 3 世纪的塞克斯都·恩披里柯手中还有德谟克利特的著作。然而到公元 6 世纪的辛普里丘那里，已经没有这些原著，而只能转述二手资料了。亚里士多德著作中有大量关于德谟克利特的论述，他还专门写过一本《论德谟克利特》及两卷本的《论德谟克利特提出的问题》，他的学生塞奥弗拉斯特也写过《论德谟克利特》和《论德谟克利特的天文学》两本著作。令人遗憾的是这些书也都已佚失。但在塞奥弗拉斯特的《论感觉》中保留了一些德谟克利特有关认识论的思想材料。塞克斯都·恩披里克、辛普里丘等人也提供了一些转述的残篇。这些都是我们现在研究德谟克利特思想仅有的可靠资料。它们仅能提供有关德谟克利特原子论哲学的一些主要思想脉络和理论框架。

从现有的二手资料看，德谟克利特著作目录中物理学一类中的 16 部（篇）作品是最重要的部分，集中论述了他的原子论、宇宙论和认识论思想，其中又以居首的著作《大宇宙系统》（*The System of Great Cosmos*）和《小宇宙系统》（*The System of Little Cosmos*）最重要，是他的自然哲学的代表作。作为德谟克利特原著残篇留存下来的，只有216条道德格言。其中的130条，是公元6世纪的斯托拜乌（Stobaeus）辑录的。另外86条，在17世纪才首次发表，据说是根据一个题为《哲学家德谟克利特的黄金格言》的稿本。据古代学者评论，德谟克利特的原著文笔优美，逻辑严谨，很有说服力。古希腊哲学家、文学家蒂蒙（Timon）评价说："这就是智慧的德谟克利特，论证的守护者，在我读到的第一流人物中，他是最能敏锐应付的论辩家。"古罗马的西塞罗也评价德谟克利特的著作富有诗意，笔墨生动，修辞华丽，行文潇洒，有雄辩之风。

由于德谟克利特博学多才，又去过埃及和东方旅行，自从希腊化和罗马时代以来，市面上就出现过不少伪托德谟克利特的著作，比如一些神秘的巫术、医学处方，甚至是炼金术著作。罗马时代的伽伦很早就指出一些伪托德谟克利特所写的治疗精神病的处方不科学、不可信。有的伪著甚至称德谟克利特曾发现了点石成金之术。大英博物馆至今仍保存有公元3世纪一卷草纸文稿，里面包含有据说是德谟克利特发现的有趣配方，内容五花八门、虚幻离奇。

总而言之，德谟克利特的博学多才在他所生活的古希腊那个时代是相当罕见的，也许只有后来的亚里士多德可以与之相媲美。这种博学一方面成就了他作为一位古希腊百科全书式的学者的学术声望，尽管其绝大部分的著作早已佚失，我们今天只能接触到仅存的一些残篇资料和二手转述材料；另一方面，这种博学也造就了德谟克利特系统的原子论哲学，使得德谟克利特的原子论哲学成为古希腊自然哲学发展历程中的巅峰之作和思想典范。用我们今天的话来说，德谟克利特就是一位久远的思想传奇。

第 2 章

原子论哲学的形成：从泰勒斯到留基波

希腊哲学的滥觞

众所周知，人类最初的文明诞生于四大文明古国，古埃及、古印度、古中国、古巴比伦是世所公认的人类文明的摇篮。而 20 世纪德国哲学家和文化学家雅斯贝尔斯（Karl Jaspers，1883～1969）认为，在所谓"轴心时代"即公元前 800 年至公元 200 年，主要是古印度、中国、古希腊罗马和犹太文化为人类文明发展奠定了基础。仅就哲学而言，古希腊民族可谓独领风骚。以真正具有思辨性和精神性的哲学来说，它最早产生于希腊。早在公元前 6 世纪古希腊就有了真正意义上的哲学和哲学家。我们要讲的西方哲学的故事就开始于这个时期的希腊群岛及其殖民地。

亚里士多德在他的一本叫作《形而上学》的书中认为，所有的哲学都有它们产生所必须具有的普遍条件。他把求知看成我们人类的一种本性。人类有很多种本性，有动物的本性，也有非动物的本性。但是爱好学习、爱好求知恰恰是我们人所特有的一种本性。我们人总是想要去学习，想要去求知，不懂的东西我们总是想要去懂得，想要去知道，想要去了解。作为学生要好好学习，作为老师也要不断学习，在学校里要学习，走出社会也要不断去学习才行，人这种动物要想得以生存就要不断地去求知。求知就是人类的本性。这些具有求知本性的人类怎么会建立起初的哲学呢？亚里士多德认为哲学的起源有两个基本要素，一个是"惊异"，一个是"闲暇"。

其实这两个方面一点儿都不难理解，"惊异"就是一种好奇，好奇从本质上讲就是一种求知的欲望，就是带着一种好奇心去求知。对于先前不懂的东西，我们都有某种强烈的愿望想要去把它弄懂。当一个事件摆在我们的面前，我们总想要知道它是什么，为什么会发生；当一个现象发生了之后，我们也很想去知道为什么会发生这样一种现象，它的原因又是什么，遵循着怎样的机理，这个现象背后究竟有什么样的本质在支撑着它；那些总是在变化着的东西背后究竟有没有不变的永恒性的东西把它支撑起来，统一起来。这就是惊异、好奇。从本性上讲，人就是爱问问题，追根究底地去问，打破砂锅也要追问到底，不仅要知其然，更要知其所以然。我们经常看到，一个小孩子尽管对这个世界知之甚少，理智发育也相当不成熟，但是总有问不完的问题，一颗幼稚童心总是对周围世界充满了无限的好奇。这恰恰说明好奇心是人生来具有的本性。而正是人类这种好奇和求知的本性驱动着人类所有科学知识的不断进展。

除了要有"惊异"，还得要有"闲暇"。也就是说，除了从事繁重的生产和劳作之外，除了辛辛苦苦地忙于日常生计之外，人还得有空闲去思考、探索和想象，去追求精神世界的满足。一个有好奇心的人还必须要有闲暇才能去思考和探索自己感兴趣的那些问题，才能摆脱日常生活和物质世界对我们的限制、束缚与羁绊，自由自在地思索一些自己真正感兴趣的精神性问题。一个人如果总是处于食不果腹、饥肠辘辘的生活状态，吃了这顿饭还不知道下顿饭在哪儿，还在为柴米油盐酱醋茶这些日常生活琐事操心和忧虑，很显然他是不大可能去思考那些他本来感兴趣的精神性问题的。所以还是要有闲暇，闲暇能够带给我们精神上的一种空闲，特别使得我们能够进行那种抽象性的、思辨性的、玄而又玄的哲学性的思考。其实，所谓"闲暇"，通俗点儿说就是人吃饱了没事干，但是人就是这样一种动物，他一旦吃饱穿暖没事干，就会自己找事情去打发闲暇时光。吃饱穿暖仅仅是人类生存的一种基本需求，一旦获得满足人就会自然产生出超越于这些基本物质生活层面的精神追求，就会去交朋友、写诗、作画、听音乐，甚至是去思考那些艰深晦涩的哲学问题。

求知是我们人类的本性。求知欲驱动着我们人类一切精神性活动和精神性追求产生。好奇心驱使着我们总是不断地想要去追问，闲暇使得我们能够超越于纯粹物质性的需求去真正探索那些纯粹精神性的东西和纯粹精神性的层面。在亚里士多德看来，建立哲学这样一门超越实用目的、只为求知的纯粹自由学术，既是人的自由本性使然，同时也受人的求知欲望所驱使。正是这样的一种本性和欲望引导人们把眼光投放到具体的功利实用目标之外，去探寻世界和宇宙最根本的原理和原因，从而使哲学这门"唯一的自由学术"和"为学术自身而成立的唯一学术"从其他各种实用性的学问和技艺中脱颖而出。而古希腊社会恰恰为那些哲学家和思想家充分提供了这些必需的条件。

人类有几千年的文明史，古希腊正是欧洲文明的发源地，欧洲哲学史也正是从古希腊哲学开始的，古希腊人第一次把哲学从神话、诗歌、文学等其他文明形态中发展出来。黑格尔在《哲学史讲演录》中就把希腊看作西方人的精神家园。"一提到希腊这个名字，在有教养的欧洲人心中，尤其在我们德国人心中，自然会引起一种家园之感。欧洲人远从希腊之外，从东方，特别是从叙利亚获得他们的宗教，来世，与超世间的生活。然而今生，现世，科学与艺术，凡是满足我们精神生活，使精神生活有价值、有光辉的东西，我们知道都是从希腊直接或间接传来的。"历史发展表明，古希腊文明并非是在一朝一夕中形成的，古希腊哲学也是在漫长的历史岁月中逐渐产生出来的。

生活在城邦社会中的希腊人在漫长的历史发展和社会演进过程中逐渐养成把抽象原则看得比感性生活更具有本质性的思维习惯。这种力图从纷纭复杂的现象背后去把握某种本质性原则或原因的思维习惯，以及试图为变幻无常的现实生活寻找某种恒定性和统一性的尺度或规范的心理倾向，最终形成了希腊人的思辨性格。黑格尔认为，希腊精神的本质就是"尺度"和"限制"，"东方无尺度的实体的力量，通过了希腊精神，才达到了有尺度有限度的阶段。希腊精神就是尺度、明晰、目的，就在于给予各种形形色色的材料以限制，就在于把不可度量者与无限华美丰富者化为规定性与个体性"。正是城邦社会生活中这种强调统一性和规范性的法律意识、规范意识和"尺度"意识，酝酿了希腊人探索宇宙本原和万物根源的最初的哲学冲动。这种冲动驱使着古希腊人试图超越经验性和实用性的现象世界去寻找万事万物的统一性本原和永恒存在，试图从千变万化、纷纭复杂的事物中去寻找那不变不动、不生不灭的统一性原则和真正本质。由此，植根于整个古希腊文明发展大背景之上的古希腊哲学就逐渐从古老的希腊神话、诗歌和文学中脱颖而出。古希腊哲学和西方哲学的大幕由此开启。

哲学的起步

在古希腊哲学家看来，千变万化、纷纭复杂的自然现象背后一定有某种支配和决定着它们的不变不动、不生不灭，具有永恒统一性的抽象本质和抽象原则，而这种抽象本质和原则就是所谓的"本原"。因此，古希腊哲学家们从进行哲学思维活动的一开始，就是要追求和探寻有关本原的问题，也就是要去追问世界的本原究竟是什么。亚里士多德认为，所谓本原就是"万物由之产生，万物最终又都复归于它"的那个世界和宇宙的终极统一性的东西。可以说，本原的问题构成了古希腊哲学所要追问和解决的根本性问题，也是整个古希腊哲学尤其是早期希腊哲学所要追问的核心问题。

而针对本原问题的回答，在早期希腊哲学中，又明显地区分为两种截然不同的思考方向。一条是自然哲学的思考方向，而另一条则是形而上学的思考方向。所谓自然哲学的思考方向，就是指有这样一批古希腊哲学家，他们力图把存在于自然世界中的某种自然物质抽取出来作为世界的本原来解释世界，比如水、火、土、气等这些自然物质。从最早的米利都学派到爱菲斯学派，再到后来的多元论者和原子论者，大体上都是沿着这样一种思考方向来追寻世界的本原。而所谓的形而上学的思考方向，就是指有这样一批古希腊哲学家，他们力图把隐藏在自然世界背后的某种抽象原则或抽象本质确立为世界的本原来解释世界，比如我们思想世界中的某个抽象概念，或者不能通过我们任何的感官经验所能感觉到的东西。这样的一种有关本原问题的思考方式由毕达哥拉斯学派提出"数是万物的本原"开始，延续到以巴门尼德为代表的爱利亚学派，最后在柏拉图著名的理念论哲学中达到顶峰。然而，无论是哪一种思考方向，目的都是要解决世界的本原性和统一性这一希腊哲学的终极性问题。

早期希腊哲学包括四大学派，主要是指伊奥尼亚地区的米利都学派和爱菲斯学派，以及南意大利的毕达哥拉斯学派和爱利亚学派。它们是希腊哲学的最初形态，第一次摆脱了希腊神话的传统思维模式，以哲学的方式提出了关于万物的"本原"的问题，并用哲学自身特有的方式作出了各自的解答。

希腊哲学最早诞生在与雅典隔爱琴海相望的港口城市米利都，它坐落在小亚细亚伊奥尼亚地区的西海岸。由于其所处的地理位置，第一批希腊哲学家就被称作米利都学派。大约公元前585年，当米利都学派的哲学家们开始他们系统的哲学探索时，米利都已经成为一个海洋贸易和各地思想的汇聚地。作为整个古希腊哲学的开端，米利都学派从一开始就试图用某种自然物质来说明万物的本原，也由此奠定了古希腊自然哲学的基础。

出身于米利都名门望族的泰勒斯（Thales，约前 624～前 546）被后人誉为"西方哲学之父"，也是有文字记载的第一位古希腊哲学家。泰勒斯知识渊博，精通几何学、天文学、星相学等这些当时的先进科学。他是一个真正具有大智慧的人，不仅准确预测了发生在公元前 585 年 5 月 28 日的一次日食，而且据说在埃及旅行时，他还充分运用自己精通的几何学知识想出了一个用来测量金字塔高度的方法。这个方法就是当一天中自己的身高与影子的长度相等时，我们只需要测量金字塔影子的长度就可以知道它的实际高度。让人觉得有点儿书呆子气的是，据说泰勒斯有一次在抬头仰望星空、观察天象的时候不小心掉进了一口井里，这招致了一位聪明伶俐的色雷斯女仆的嘲笑，说我们的这位大哲学家如此渴望知道天上的事情，以至于连自己脚下的路都看不清。柏拉图最早记载了这个故事，但他加了一句评注认为这个嘲笑其实适用于所有的哲学家。

泰勒斯的大智慧最充分体现在他第一个提出了"本原"或始基的哲学概念，并且第一个作出了有关本原问题的解答。泰勒斯坚定地认为，水是万物的本原。也就是说，作为我们再熟悉不过的自然物质，水恰恰就是宇宙和世界的真正本原。这也

就意味着，在泰勒斯看来，世间万物归根结底都是由这种叫作水的自然物质生成演化出来的，而且最终万事万物都要复归于水这样一种自然物质。这种看法对于生活在现代社会的我们来说是无法想象的，甚至对于那些晚于泰勒斯所处时代的古希腊哲学家来说也多少有点儿让人摸不着头脑。所以，有很多后来的人试图揣测泰勒斯之所以提出"水是万物的本原"这一哲学命题的真实原因。有人主张，泰勒斯是通过一种朴素的经验性观察，发现万事万物都离不开水，一旦离开了水，所有有生命的事物都没有办法存活下来。当然生活在今天的我们也许比古希腊人能更清楚、更真实地感受到水对于生命的意义。也有人揣测泰勒斯之所以提出水是万物的本原，多多少少还是受到古希腊神话传说的影响，因为靠海生存的古希腊人赋予了海洋和水以格外重要的意义。古希腊人长久以来就把水当作最古老、最神圣的事物，在古希腊神话中，海神夫妇不仅仅掌管着水和海洋，而且也掌管着宇宙万物的生殖和繁衍。但是无论怎样，"水是万物的本原"是希腊哲学史乃至西方哲学史上第一个纯粹哲学性的命题。泰勒斯作为"西方哲学之父"的思想贡献在于，他不仅仅第一个提出并开始思考有关世界本原的问题，而且也第一个提出了有关本原问题的哲学性理解和解答，而这个解答奠定了古希腊自然哲学的基本思考方向。

沿着老师泰勒斯的思考方向，阿那克西曼德

（Anaximandros，约前 610~前 546）认为，真正作为本原的东西应该是最具无定形性质的东西，正是这样一种最具无定形性质的东西才构成了千变万化、纷纭复杂的有定形的万事万物产生和消亡的终极根源，因此他认为"阿派朗"才是世界的本原。阿派朗是希腊文 apeiron 的音译，在古希腊文中的原意是"无限制、无界限、无规定、无定形"。辛普里丘根据塞奥弗拉斯特的《论自然哲学家的意见》的记载认为：阿那克西曼德说一切存在物的本原和元素是阿派朗，他是第一个提出这个本原的名称的。他说本原并不是水，也不是任何别的被称为元素的东西，而是某种本性是无限的东西，从其中产生出所有的天以及一切世界。

也就是说，在阿那克西曼德看来，宇宙和世界的真正本原应该是"无定形"或者是那些最具无定形性质的东西。所以，阿那克西曼德认为，任何一种类似于水的自然物质和自然元素都没有充分资格成为宇宙和世界的终极本原，因为从某种程度上讲，它们也都是有定形的，尽管它们具有某种程度的无定形的性质。例如，水自身虽然往往表现为无定形，但它也往往被其他自然物质塑造而成为一个有定形的东西，所以我们看到的都是一条条河流里面的水、一个个桶里的水、一个个瓶子中的水和一杯杯的水。在阿那克西曼德看来，他的老师之所以会把水作为万物的本原，其实归根结底还是看中了水具有某种程度的无定形的性质。他的老师把水这种自然物质抽取出来作为世界的本原，其用意还是想把自然界中某种最具无定形性质的东西确立为万物的本原。因此，阿那克西曼德在老师的基础上，进一步指出世界的真正本原就是"阿派朗"，即真正的"无定形"。而这个"无定形"作为一种原始混沌体，自身中包含有一些对立的元素和成分，这些对立物就是冷与热、干与湿，它们由于相互的作用，才从原始混沌的"无定形"中分离出万事万物。

而在米利都学派的第三位代表阿那克西米尼（Anaximenes，约前 588～前 525）看来，如果按照阿那克西曼德所提出的这个最具无定形性质的标准去找的话，在所有的自然物质中，最具无定形性质的理所应当地就应该是"气"。所以，"气"就最应该作为宇宙和世界的真正本原被确立起来。也就是说，相比所有其他自然物质来说，如果我们非要在自然物中抽取出一种来作为世界的本原，而且衡量标准是谁最无定形的话，那么再没有什么其他自然物质比气更加适合、更为恰当、更有资格被确立为世界本原了。在阿那克西米尼看来，正是气的聚散离合构成了宇宙万物。阿那克西米尼认为，气具有冷、热两种性质，以及与之相对应的浓厚和稀薄两种运动，使物质集合和浓厚的是冷，使它稀薄和松弛的则是热。作为万物本原的气借稀薄和浓厚而形成不同的实体。当它很稀薄的时候，便形成火；当它浓厚的时候，则形成风，然后形成云，而当它更浓厚的时候，便形成水、土和石头；自然界的其他所有东西都是从这些东西中产生出来的。由于冷、热这两种对立性质此消彼长、相互作用，气就随着浓厚和稀薄这两种相反的运动而分别转化为火、水、土以及宇宙万物。

与米利都学派的自然哲学家们形成鲜明对照的是，南意大利的毕达哥拉斯学派提出万物的本原是"数"。就当时水平而言，南意大利的毕达哥拉斯学派在数学和几何学研究上具有极其高深的造诣。在数学上他们将自然数划分成奇数、偶数、素数、完全数、平方数、三角数和五角数等，分门别类地加以探究，在几何学上他们发现了著名的毕达哥拉斯定理，这在当时都是处于学术领先水平。与此同时，毕达哥拉斯学派又是一个神秘主义的宗教团体，他们对数和数字有着神秘化的理解和宗教似的崇拜。比如，他们认为，"1"代表着灵魂或理智，"2"表示意见，"4"和"9"是正义，"5"是婚姻，"8"是爱情和友谊，"10"则是完满与和谐。这就好比我们今天的数字崇拜，有人对某些数字，如"6""8"等有着格外的偏爱，而对另外一些数字，如"4""13"则避而远之。毕达哥拉斯学派相信数学研究是净化灵魂并保证它的不朽的最佳途径。

毕达哥拉斯学派发现一切事物都普遍性地包含有基本数量关系，也都离不开这些数量关系，数与自然事物之间的联系远远超过了水、火、土、气等任何一种自然元素与这些自然事物之间的关联性。因此，是"数"而非那些自然物质和自然元素构成了世界的真正本原。在毕达哥拉斯学派看来，数是构成事物的最终基质和基本元素，数作为本原通过转换成形而生成自然事物。在所有数中，1是一切数的根本，在数与形的转换中，1构成一个点，2点构成一条线，3点构成一个面，4点构成一个体，由体则构成水、火、土、气四种元素，这四种元素则以不同的方式相互结合和转化，从而产生出万事万物。所以，数是决定事物性质的比例关系和抽象原则，万物都由数构成。应该说，毕达哥拉斯学派通过把数确立为世界的本原，从抽象原则和抽象本质的角度重新定义了本原概念，开启了古希腊形而上学思考的源头。

作为早期希腊哲学的第三大学派，爱菲斯学派的赫拉克利特（Heraclitos，约前540~前480）在米利都学派的基础上进一步推进了古希腊自然哲学的发展。赫拉克利特认为，这个世界，对于一切存在物都是一样的，它不是任何神创造的，也不是任何人创造的；它过去、现在、未来永远是一团永恒的活火，在一定的分寸上燃烧，在一定的分寸上熄灭。米利都学派的最后一位哲学家阿那克西米尼曾经认为气有稀散化和凝聚化这两个运动变化的方向，而在气的稀散过程中，它只生成了一个东西，这就是火。问题恰恰就在这里，如果火真的像阿那克西米尼所讲的那样是由气的进一步稀散所生成的，那么火就应该比气更加无定形才对。气已经很稀散了，正因为其稀散我们才觉得它无定形，但是按照阿那克西米尼的逻辑，火甚至比气还要稀散，也就是说火比气还要无定形才对。按照阿那克西曼德有关本原应该最具无定形的标准来衡量，火其实就要比气更有资格充当万物的本原。因此，在赫拉克利特这里，火取代了先前的水和气成为宇宙和世界的本原。

火的本原地位还在于它恰恰是变中之不变，并且主导着宇宙间一切的生灭变化。万物都从火中产生，又都消灭而复归于火。当火熄灭时，宇宙间的万物就形成了。最初，火的最浓厚部分浓缩起来成为土；然后，土被火熔解成水，水蒸发时又产生气。整个宇宙和万物后来在一场宇宙大火中被烧毁。万物借浓聚化和稀薄化从火中产生，又重新化解为火，这个火是唯一的本原。所以赫拉克利特说，万物都是火的转换。在赫拉克利特看来，作为本原的火与万物之间的转化遵循着一定的原则和程序。据第欧根尼·拉尔修的记载，赫拉克利特认为：火浓缩成为湿气，湿气凝聚成为水，水又凝结成为土。这个过程他叫作"下降之路"。反过来，土又溶解成为水，从水形成其余的一切。这个过程就是"上升之路"。具体来说也就是，火通过浓厚化变成气，进一步浓厚化则依次变成水和土，这是"下降之路"；反之，土通过稀薄化变成水，进一步稀薄化则依次变成气和火，这是"上升之路"。这两条道路共同勾勒出作为万物本原的火和宇宙万物之间的生成转化过程。

早期希腊哲学的第四大学派——爱利亚学派的哲学家们则进一步沿着毕达哥拉斯学派所开创的寻找抽象本质和抽象原则的方向来追寻万物的本原。在爱利亚学派的代表人物巴门尼德看来，只有那个不生不灭、不变不动、独一无二、永恒存在的，只能依靠我们的抽象思维才能把握到的叫作"存在"的抽象概念才是真正的世界本原。因为我们在日常生活中总是说这个东西是存在的，那个东西是存在的，而当我们把这个一般意义上的存在从所有那些具体的事物中抽象出来的时候，我们就会发现，这个抽象的、一般意义上的存在恰恰是所有存在物和存在着的东西的最根本的本质，恰恰是勾勒出它们各自所具有的实在性的最终根基。

因此，巴门尼德认为，哲学的首要任务就是要确立起"存在"和"非存在"、本质和现象、真理和意见之间的严格界限。从世界本原的角度上讲，只有"存在是存在的"，而"非存在则不存在"。与米利都学派、赫拉克利特等人把流变的东西当作真实存在的观点恰好相反，在巴门尼德看来，只有那永恒的、唯一的和不变不动的东西才是真正的存在，因为处于流变之中的事物没有定形，因而是转瞬即逝的，这种变化无常的东西不能始终保持其自身，因而这些东西只能是"非存在"，只有那个始终如一地是其所是的东西，才是真正的"存在"，也才是真正的世界本原。

尽管早期希腊哲学四大学派分别从不同方面大大推进了希腊哲学有关世界本原问题的思考，然而，他们的这些探讨在稍后的智者派那里却被击得粉碎。从公元前 5 世纪中叶起，在以雅典为中心的希腊各城邦，出现了一大批智者所掀起的思想运动，从而开启了早期希腊哲学向鼎盛时期希腊哲学的过渡。智者派的兴起有特有的时代背景。希波战争结束后，雅典城邦由于在战争中的领导地位而强盛起来，逐渐成为希腊城邦社会的中心，雅典民主制也逐渐成为各城邦效法的制度典范。从某种程度上说，智者运动正是希腊民主制全盛时期的思想产物。这种民主制赋予每个城邦的自由公民以参加政治生活的自由权利，使得每个公民都积极投身于城邦政治生活。也因此，掌握论辩技巧、学习社会政治和公共生活方面的知识，以便在公共生活和法律诉讼中立于不败之地，成为一时社会风潮。于是在当时的希腊社会，就出现了一批以拥有智慧自居并且专门以向人传授"智慧"为生的人，他们向人们传授论辩术、修辞学、逻辑学等方面的实用技巧，以演讲和诉讼作为教学内容，训练人们的思维表达能力和参与政治生活的能力，并收取相应费用，这些人就是所谓"智者"。这些"智者"擅长逻辑修辞和论辩技巧，才思敏捷，能言善辩，并以之为谋生手段。苏格拉底曾轻蔑地称他们是"批发和零售精神食粮的人"。

在公元前 5 世纪前后，雅典出现了三位最杰出的智者，他们就是普罗塔哥拉、高尔吉亚和塞拉西马柯。他们或作为游历教师，或作为访问使节曾来到雅典，并且自称"智者"。但也正是这些智者派的思想家沉重打击了早期希腊哲学家们有关本原问题的探讨，尤其是自然哲学家们有关世界本原的思考。

在来到雅典的所有这些智者中，普罗塔哥拉（Protagoras，约前 481~前 411）年纪最长，而且也最具影响。他出生于色雷斯地区的阿布德拉，是第一个自称"智者"的人，从壮年时期就开始在希腊各城邦收费讲学，曾先后两次到过雅典。据说此人有三寸不烂之舌，具舌战群儒之本领。他常常在雅典公开场合发表演讲，很多雅典人都慕名前往聆听他的演说。更令人称奇的地方在于，此君能够在第一天主张一种观点，讲得合情合理、面面俱到，使听众交口称赞，而隔日又主张另一种完全相反的观点，竟然也能通过自己充满激情的演讲让雅典民众听过后频频点头。据说普罗塔哥拉收徒有一条规则：学生学成后打第一场官司如果赢了才收学费，结果他的一位学生学成后所打的第一场官司就是控告他非法收费。这场官司的结果是：无论出现何种情况，这个学生都不需要交学费。因为如果官司败诉，按照普罗塔哥拉所定规则，此学生不需要缴费；而一旦胜诉，按照法院判决，此学生还是不用缴费。正所谓"青出于蓝而胜于蓝"。由此可见智者派一贯的思想态度和理论立场。

普罗塔哥拉提出了一个著名的哲学命题："人是万物的尺度，是存在的事物存在的尺度，也是不存在的事物不存在的尺度。"在普罗塔哥拉看来，事物无所谓客观的本质和原则，世界也不存在什么永恒不变的本原，一切都依每个人的感觉和立场的变化为转移。以刮风为例，刮风的时候有人感觉冷，有人却感觉不冷，同一阵风吹向两个人，一个人觉得是凉的，另一个人有可能觉得暖。因此我们就不能以简单的方式去说这阵风究竟是冷的还是暖的，而只能说风对于感觉冷的人来说是冷的，而对于感觉不冷或暖的人来说是不冷的。事实上它也的确对一个人是冷的，而对另外一个人是暖的。同样的，如果两个人观察着同一个对象，他们的感觉会各不相同，因为每个人相对于这个对象的位置不同，这就好比盲人摸象的道理。

这样说来，这个世界也就无所谓客观规定性可言，更不存在什么永恒不变的本原，一切都依着每个感觉主体的个人立场为转移。你觉得这个世界对你的感官呈现出的是什么样子，那么这个世界就是这个样子，无所谓对与错，这就是你个人的尺度。尺度这个东西在普罗塔哥拉那里都是个体化的、零散的和杂多的，而绝没有早期希腊哲学所赋予本原概念的那个所谓统一标准和统一尺度。普罗塔哥拉认为，我们通过自己各种各样的感官知觉到的对象必定具有不同的人各自知觉到的属于它们的所有属性，也正因如此，我们不可能发现一个事物的真正本质究竟是什么。也就是说，普罗塔哥拉想要运用我们人作为感受主体和感觉主体的相对性，想要运用人的感觉的相对性作为武器，冲击、怀疑、消解、破除和否定早期希腊哲学试图追寻作为万物统一性本原的理想。这个冲击甚至是根本性的，按照普罗塔哥拉的讲法，如果我们每一个人都有我们每一个人的尺度，如果我们每一个人都有一个呈现在我们每一个人面前的世界，如果我们每一个人觉得世界就应该是呈现在自己面前的这个样子，那么这个世界也就无所谓统一的本质和本原。从某种程度上说，早期希腊哲学四大学派关于本原问题所形成的众说纷纭的理论局面本身也恰恰印证着普罗塔哥拉的这种看法。

而另一位智者派的代表高尔吉亚（Gorgias，约前483~前375）则运用严格的逻辑论证证明了三个层层递进的重要论题，即"无物存在""即使有物存在，也无法认识""即使认识了，也无法告诉别人"，进一步打击了早期希腊哲学对于探寻世界本原和抽象本质的理论热情。实际上，智者派正是运用一种相对主义的主张不断冲击和解构着早期希腊哲学对本原问题的理论执着和理论构想。

原子论的先驱——多元论

面临着智者派的怀疑和解构所带来的巨大理论威胁，无论是自然哲学家们，还是形而上学思想家们都必须重新思考和建构一种更加精致的本原学说。从自然哲学的思考方向上看，为了真正有效地应对智者派的威胁和挑战，出现了以恩培多克勒和阿那克萨戈拉为代表的多元论者。

恩培多克勒（Empedocles，约前 495~前 435）出生于西西里岛的阿克拉伽，据说是毕达哥拉斯的学生，此外他对巴门尼德的思想也非常有兴趣。恩培多克勒知识渊博、兴趣极为广泛，他的兴趣和活动覆盖了从政治学、医学到宗教和哲学的广泛领域。据说他曾使一位濒危的妇女起死回生，也因此格外受人尊敬。传说为了让人们永远对他奉若神明，恩培多克勒最后跳进埃特纳火山口结束了自己的生命，这样他的身体就会消失得无影无踪，不留下任何痕迹，人们便会以为他升天了。

恩培多克勒在综合早期希腊自然哲学的基础上提出了著名的"四根说"。恩培多克勒认为，世界的本原一共有四个，即水、火、土、气四种，这四种本原相互之间不能转化，但它们的结合与分离却产生了万事万物及其生灭变化，这四种本原相互之间按照一定的比例结合起来构成世间万事万物，而它们之间的分离则导致世间万物的消亡和毁灭。恩培多克勒用一种诗喻的方式指出世界上的一切事物都是由水、火、土、气四根所组成的，他用希腊神话中的四位神分别喻指这四根，"首先听着：一切事物有四种'根'：照耀万物的宙斯，哺育万物的赫拉，以及埃多涅乌和涅司蒂，他们让自己的泪水成为变灭的事物的生命泉源。"按照希腊神话的传统说法，这里的宙斯代表着火，赫拉代表着气，埃多涅乌代表着土，而涅司蒂则代表着水。归根结底，在恩培多克勒看来，我们周围世界中的所有事物都是由水、火、土、气这四种本原按照一定的比例结构所组合而成的。例如，在恩培多克勒看来，人的肌肉就是由等量的四种元素混合而成，人的神经由一份火、一份土和两份水构成，骨骼由两份水、两份土和四份火构成。人聪明与否也和上面这四种元素混合的比例和成分有关，土元素的比例多一点儿人可能就要愚笨一点儿，相反则要聪明一些。

而推动着水、火、土、气这四种本原相互结合和分离的动力主要有两种，恩培多克勒把它们称作"爱"和"恨"。其中，"爱"使四根相互组合起来而生成万物，而"恨"则使四根相互分解而毁灭万物，这两种力量在事物的生灭变化中交替占据上风，发生着此消彼长的力量变化。恩培多克勒认为，宇宙是一个大球体，永远处在周期性的循环演化中。四根是构成宇宙的基本元素，而爱与恨则是演化的动力来源。在宇宙演化的不同阶段，爱与恨这两种对立的力量轮流交替着占据主导地位，使得四种基本元素不断地结合与分离。整个宇宙也就在这种周而复始的分合更替中演化运转。这个循环有四个阶段。在第一阶段爱出现了，而恨则完全没有，水、火、土、气四种元素在爱的原则的支配下处于和谐状态。第二阶段恨的力量开始不断侵入，但从主导性上看，爱的力量仍然占据着主导地位。第三个阶段恨开始占据主导地位，四元素开始分离。最后的阶段水、火、土、气四种元素各自分离、各归其类。在第四阶段结束的时候，这四种元素各就其位，等待着爱的力量重新将它们再次结合在一起，开始新的循环。这个循环过程周而复始，不断持续，永无止境。

恩培多克勒是古希腊哲学史上第一个多种自然元素作为世界本原的哲学家。从表面上看，他的这一做法有悖于早期希腊哲学追寻万物本原的理论初衷。因为，早期希腊哲学之所以要追寻万物的本原，就是想要透过纷纭复杂、千变万化的自然现象抓住世界的本质，就是力图找到隐藏在那些处于生灭变化、变动不居的存在状态中的自然事物背后的某种统一性。从这一点来说，恩培多克勒的四根说是用本原的"多"来解释世界的"多"，从而根本背离了早期希腊哲学一直想要达到的用"一"来解释"多"的思考方向。恩培多克勒的四根说给人的一种印象就是，他拿了一个更大的思想麻袋把前人所提出的有关本原的看法和主张都一股脑地收纳综合在一起。

然而，要想真正理解恩培多克勒的四根说，必须要注意以下两个方面。首先，从希腊哲学发展的整个历程来看，恩培多克勒的四根说尽管是在用"多"来解释"多"，但是它仍然走在一条在"多"中寻求某种最终统一性的追寻之路上，只是还没有能够真正达到这种最终的统一性。其次，相比早期希腊自然哲学来说，在思考万物本原的问题上，恩培多克勒的四根说把早先的那种本原生成论的思维模式，即单纯时间上的本原追溯推进到一种基于空间结构和比例的元素构成的基本元素说。也就是说，现在关于本原问题考察的重点不再是从时间的维度上思考，而是把我们考察的重点就放置在我们对周围诸种事物和诸种现象的基本构成和空间结构的分析上。宇宙的开端是个过去时，我们没有办法穿越回去把握世界究竟是从何而来的；世界的未来是个将来时，我们每个人都无法预知未来的世界究竟归于何处；而我们能够真正把握到的就是现在，就是当下摆在我们面前并向我们显现出来的周围世界中的那些东西。所以，现在本原问题的重点不是要清楚地知道世界和宇宙起源于何，又终结于何，而是要明确地把握构成万事万物的最基本元素和最基本微粒。在这一点上，它不仅大大推进了古希腊自然哲学家们对本原问题的思考，而且也可以更加有效地应对智者派的挑战。

此外，恩培多克勒还是古希腊第一个系统地提出了认识论的思想家。在他看来，我们的认识有赖于两个方面的条件。首先，外部事物对我们的感官发出一种流射，我们有能够接受这种流射的孔道和器官；另一方面，构成外部事物的基本元素和构成我们感官的基本元素是相同的，它们都是由水、火、土、气四种基本元素构成的。我们认识外部事物经历了这样一个过程：客观事物发出一种流射，作用于我们的感官，而我们的感官构造（主要是视觉感官）恰好也同万事万物一样，是由水、火、土、气四种元素所构成的（在恩培多克勒看来，人的眼睛内部是火，火的周围包围着土和气，形成薄薄的帷幕，帷幕四周是水，帷幕上有一些细小孔道，让事物的流射可以穿过），因而我们能够产生对外部事物的认识。他说："我们是以自己的土来看土，用自己的水来看水，用自己的气来看神圣的气，用自己的火来看毁灭性的火；更用我们的爱来看世界的爱，用我们的可厌的恨来看它的恨。"

恩培多克勒以后的古希腊自然哲学家都是按照四根说所展示的基于空间结构和比例的元素构成的基本元素说的模式来展开有关本原问题的思考的。紧跟其后的就是阿那克萨戈拉（Anaxagoras，约前500~前428）。阿那克萨戈拉出生于小亚细亚，20岁左右来到雅典，在那里居住了三十年之久，他也是第一个把哲学引入雅典的哲学家。沿着恩培多克勒的思考方向，阿那克萨戈拉认为，世界上的万事万物都是由"种子"

(spermata seeds，即"同类的部分"）所构成的。"种子"包含有三个基本特性：（1）数量无限多；（2）体积无限小；（3）彼此异质。在阿那克萨戈拉看来，宇宙最初处于一种原始混沌状态，无数异质的种子相互混杂在一起，由于相互之间的排斥和吸引，通过一种旋涡运动，各种不同种类的种子彼此分离开来，同类的种子开始聚集在一起，形成了形态各异的大千世界。而推动着这些异质的种子结合与分离的力量被阿那克萨戈拉称作"努斯（nous）"，即心灵、理智。同时，事物内部所含的不同种子成分之间相互比例的变化也带来了具体事物自身的不断变化。

从与恩培多克勒四根说的关系来看，阿那克萨戈拉试图用"种子"这个构成万事万物的最后单位来统一恩培多克勒所提出的四种基本元素，然而，这种统一并没有彻底解决在本原问题上所出现的"一"与"多"的基本矛盾。尽管在阿那克萨戈拉那里，构成万事万物的最后单位都叫"种子"，但种子的基本特征却是相互异质的，此种子非彼种子，构成这一事物的种子也并非是构成那一事物的种子，它们只不过是在名称上统一起来，而在本质上仍然是相互异质和无限多的。而从阿那克萨戈拉的种子说到德谟克利特的原子论，其实只需要一小步的思想进展，即把种子的相互异质的基本特征改造成性质完全相同的构成事物的最小单位，即原子。因此，恩培多克勒的四根说和阿那克萨戈拉的种子说从思想本质上讲都在本原问题上主张多元论，而这种多元论恰恰构成了德谟克利特原子论的理论先驱。

因此，早期希腊哲学从泰勒斯开始，经历了近两个世纪的发展，在公元前 5 世纪下半叶至公元前 4 世纪初达到一个思想高峰，那就是由留基波开创、德谟克利特确立的原子论哲学。虽然雅典民主制已经开始由盛转衰，原子论仍是那个时代科学理性与人文精神结出的理论硕果，它实现了对早期希腊各派自然哲学的一次大综合。原子论哲学也处在古希腊哲学史发展的一个关键节点，一方面标志着早期希腊自然哲学的终结，另一方面也标志着辉煌的希腊古典哲学时代的开始。

原子论哲学的初创者：留基波

原子论哲学并不是由德谟克利特所初创，最早出自一位具有神秘色彩的古希腊哲学家留基波（Leucippus）之手，他也是德谟克利特的老师。有关留基波的生平资料极为少见，这使得他的生平也显得格外扑朔迷离。据第欧根尼·拉尔修记载：留基波出生于爱利亚，有人说他出生于阿布德拉，也有人说他出生于米利都。他是芝诺的学生。他的生卒年代已无从查考，但既然是芝诺的学生，那么他一定比巴门尼德要年轻，而作为德谟克利特的老师，他又必定年长于公元前 460 年左右出生的德谟克利特。据说，阿波洛尼亚的第欧根尼曾从他的思想中吸收了"虚空"概念，而在公元前423年上演的阿里斯托芬的著名喜剧《云》中，第欧根尼的这些观点曾遭受嘲讽。据此推算的话，留基波的鼎盛年应当在公元前423年左右。而关于他的出生地，又有三种不同的记述：有人认为他是米利都人，因为他的思想中有明显的伊奥尼亚哲学传统的印记；有人认为他是爱利亚人，因为他曾经是芝诺的学生，通晓爱利亚学派的哲学；还有人认为他和德谟克利特一样都是阿布德拉人，因为他曾是德谟克利特的老师，师徒二人共同建立了原子论的阿布德拉学派。然而，这些不同的记述极有可能是综合了他一生的学术和生活经历。

除此之外，也有关于历史上是否的确有留基波这个人物的怀疑。据第欧根尼·拉尔修的记载，希腊化时代的原子论哲学家伊壁鸠鲁在致欧律罗库的信中曾否认过留基波这个人的存在。出自同样是原子论者的伊壁鸠鲁之口，这段记载不得不让人对留基波这位原子论的开创者是否真有其人表示怀疑。然而，这一记载在历史上并不为人所重视。因为，从亚里士多德、塞奥弗拉斯特到罗马时代的卢克莱修和西塞罗，他们的著作都经常提到留基波和德谟克利特是原子论哲学的代表，从没有怀疑过留基波存在的历史真实性。但近代德国学者罗德依据伊壁鸠鲁的这封书信，认为历史上不存在留基波这个人。目前学界公认的事实是，留基波在历史上是真实存在过的一个人物，只不过有关他的资料非常少，加上他的思想成就逐渐为德谟克利特所掩盖，因此像后来的伊壁鸠鲁这些人更多讲德谟克利特的原子论，而不太愿意谈论他。

关于留基波所写的著作，种种迹象表明，他曾写有建立原子论哲学基本理论框架的一些论著。塞奥弗拉斯特说他曾写过一部名为《大宇宙系统》的著作，可惜已经失传。据第欧根尼·拉尔修的记载，公元 1 世纪的学者塞拉绪罗编纂的德谟克利特著作目录中就曾有这部著作，拉尔修认为塞奥弗拉斯特将它归于留基波。这部著作极有可能是他们师生共同合作的成果。据说，留基波还写过一篇题为《论心灵》的论文，早已佚失，只保留有唯一的一则原著残篇："没有任何事情是随便发生的，每一件事都有理由，并且是遵循必然性的。"这不能不说是历史的遗憾。

关于留基波创立的原子论，古希腊后期有人认为，在留基波之前，早在特洛伊战争期间，就有一个腓尼基人摩赫（Mochus）曾经提出过"原子"这一概念。但在公元前 12 世纪的迈锡尼文明时期根本还没有产生哲学，因此不可能有高度抽象的原子论哲学。还有人认为古代印度哲学中也产生过原子论哲学，留基波的原子论很可能是受到了古代印度哲学的影响。但种种历史文献表明，这里所说的古印度哲学的原子论比留基波创建的原子论在年代上甚至还要稍晚一些，而且两种原子论的内容也大相径庭。虽然留基波极有可能在小亚细亚生活或游历过，对东方思想有所了解与吸收，但从现有的历史记载来看，他所创建的原子论哲学主要还是先前古希腊自然哲学的内在发展和思想演进。

留基波在爱利亚生活过，做过芝诺的学生，因此，他的思想不可避免地会受到爱利亚学派的影响。但留基波建立原子论，在理论方向上和恩培多克勒、阿那克萨戈拉这些希腊自然哲学家的思想相一致，他们都打碎了爱利亚学派那个不变不动、不生不灭、独一无二的抽象化"存在"，循着探索物质基本结构和基本要素的途径，去认识物质内部不变的本原，从而解决本原问题上"一"与"多"的矛盾，沟通自然本原和现象世界。关于这一点，辛普里丘记载：留基波在哲学上曾同巴门尼德有过交往，但他关于本原的观点，并没有走和巴门尼德与克塞诺芬尼相同的路子，似乎走了恰好相反的方向。因为巴门尼德和克塞诺芬尼将整体看作是一、不动的、非创造的和有限的，并且不准去研究非存在；而留基波却设置了无数在永恒运动着的元素——原子，并且主张它们的形状和数目是无限的。他设定原子的本性坚固且充实，认为这就是巴门尼德所说的"存在"，它在虚空中运动，而虚空叫作"非存在"，但它具有另外一种实在性。

亚里士多德在《论生灭》第一卷第八章也同样认为原子论哲学具有重大理论创新。在亚里士多德看来，最系统、最始终一贯，并且可以应用于一切物体的原子论学说，是由留基波和德谟克利特提出的。与较早的爱利亚学派强调抽象概念、否定"一"和"运动"不同的是，留基波的理论，和我们日常的感性知觉相一致，并不抹杀事物的生成、毁灭或运动，以及它们的多样性。一方面对感觉事实让步；另一方面又告诉那些一元论者，如果没有虚空就不可能有运动。

亚里士多德的论述清晰地勾勒出留基波原子论哲学产生的思想线索。留基波创立的原子论哲学，最初是从爱利亚学派的思想中发展起来的，但他们走的是不同的理论方向。一方面，留基波的原子论哲学几乎完全接受了爱利亚学派关于"存在"和"非存在"之间的绝对对立，以及认为"虚空"在严格意义上是"非存在"的观点。然而，另一方面，留基波的原子论哲学并不承认现象世界就是所谓"非存在"。爱利亚学派只承认"存在"是存在的，否认"非存在"的存在，"存在"是独一无二、永恒不变的"一"，否认运动，否认"多"，也就否认了现象。这样，"一"与"多"、静止和运动、本质与现象就被完全割裂开来。原子论哲学就是要试图去解开这个死结。所以，在留基波的原子论哲学看来，不但"存在"是存在的，"非存在"也是存在的，而这个"非存在"其实就是虚空。充实的存在就是原子，原子在"非存在"的虚空中运动，就成为"多"。每个原子是"一"，它本身是不变的，但无数原子在虚空中相互结合与分离，就造就了自然事物的生成、毁灭和各种运动变化。这样，"一"与"多"、静止和运动、本质与现象之间的矛盾就最终得以彻底化解，而通过原子和虚空相互结合起来。

如果我们今天要将留基波和德谟克利特二人的思想严格区分开来，单独来论述留基波的哲学思想，其实是相当困难的。一方面我们手头所有的文献资料相当匮乏，另一方面留基波和德谟克利特的思想的确十分接近。在古代文献中，往往把留基波和德谟克利特紧密联系在一起。通常的说法是，原子论哲学最早由留基波创立，而在后来的德谟克利特那里得到进一步继承和发扬。

关于留基波的原子论哲学，我们今天通过各种文字记述可以确定的是：留基波是第一个提出原子是世界本原的人。留基波认为，事物的总数是无限的，它们互相转化。全体是无限的，包含了虚空和充实。一部分是充实，一部分是虚空，留基波将它们叫作元素。数目无限的世界从它们产生，又分解为它们。原子落进虚空并相互结合就形成许多世界，当它们体积增大而运动时就产生各种星体。太阳循着更大的圆周绕月亮运动。大地稳定地停留着，做绕中心的旋涡运动，它的形状像一面鼓。

具体来说，留基波认为宇宙世界是这样形成的：在世界的某一部分，许多各种形状的原子被从无限带进巨大的虚空。它们聚合在一起形成一个旋涡，它们在其中彼此冲撞，并且沿着各种可能的方向做圆形运动，彼此分开，相似的原子相互结合。如此众多的原子在转动中不能长期保持平衡，轻的原子就像过筛似的被抛向外面的虚空，而留下的原子仍聚集在一起，集结起来，继续旋转，形成最初的球形体系。离开的这部分像一层壳，其中包含了所有各种原子，这些原子由于中心的抵抗力而旋转，包裹着它们的壳越变越薄，而邻近的原子在接触旋涡时继续集结。这样，积聚在中心部分的就形成大地。而外面的壳也由于外来原子的流入而增大，在它被带进旋涡转动时，给它自己添加了它所接触到的原子。其中有些部分粘在一起成为一团，起初是潮湿泥泞的，但在宇宙旋涡中转动时变得越来越干燥，后来燃烧起来，形成星体。太阳的轨道在最外层，月亮的轨道最靠近大地，其余天体的轨道在二者之间。所有星体由于快速运动而燃烧着，太阳的燃烧也得力于星体的旋转运动，月亮是燃烧得最微弱的星体。大地向南方倾斜时就发生日食和月食，日食很少，月食则经常发生，因为它们的轨道是不相等的。北方地区总是被雾笼罩着，很冷，有冰冻。整个宇宙世界都是逐渐生成演化出来的，它也有成长、衰落和毁灭，按照某种必然性生成演化着。

虚空这两种新的本原，统一存在与非存在，主张自身有差异的原子在虚空中相互结合与分离，认为原子的运动造成宇宙和万物的生成与毁灭，这恰恰就是德谟克利特原子论哲学最核心的思想。

原子的基本性质

从词源学意义上来说，原子（atomos，atom）在古希腊文中原指"不可分割"的东西。它并非是我们今天所说的近代物理学、近代化学意义上的作为构成物质的某种微粒的那个原子。实际上，德谟克利特所处的那个时代，自然科学还没有真正起步，人们还没有能力也绝无可能运用先进的科学知识和实验仪器来研究所谓物质微粒，德谟克利特也不是一个能够知晓未来的预言家。因此，德谟克利特所说的"原子"和我们今天所说的"原子"并不是在同一个层面上讲的。实际上，德谟克利特所说的原子取的就是"原子"一词在古希腊文中的原始含义，是指最微小的、不可再分割的构成事物的基本微粒和最小单位。极有可能的事实是，我们今天所说的那个意义上的"原子"在某种程度上借鉴了这个古希腊语的原意，想要用它来命名我们自然科学所发现的那种基本物质微粒。或许是德谟克利特的原子论哲学启发着今天的我们。

德谟克利特认为这些原子坚实、充满，而且内部没有任何空隙。它与巴门尼德所说的"存在"，恩培多克勒所说的"四根"（构成事物的四种基本元素），以及阿那克萨戈拉所说的"种子"（"同类的部分"）是在同一个层面上讲的。亚里士多德说，德谟克利特曾将原子比拟为"在空气中游动的细微尘粒，我们从透过窗户的光线中可以看到它们"。说明这些原子如此之微小，正如我们在日常生活中透过光线所看到的那些细小的尘埃一样。但这只是一种方便理解的比喻。其实，相比起那些细小的尘埃，这些不可再分割的原子更加微小，它们实际上是真正不可见的最小微粒，我们人仅凭肉眼是观察不到它们的存在的。因为，在德谟克利特这些人看来，凡是凭借我们的肉眼能够看到的东西都还是可以再进行分割的。这样一些我们人仅凭肉眼都观察不到的不可见的最小微粒，在德谟克利特那里，它们具有一些最基本的性质。

原子所具有的第一个基本特征是：极其微小、不可见、不可感知、内部绝对充实而无任何空隙，是坚不可入、不可分割的基本粒子，是构成一切事物的最小微粒和最后单位。然而，原子虽然是构成一切具体事物的最小微粒和最后单位，但是原子本身却是不可感知的。德谟克利特将空间称作"虚空""无""无限"，而将每个个别的原子称作"有""充实"和"存在"。他认为它们是如此之小，以至我们动用我们一切的感官都不能把握到。但这些不可感知的原子却各具形状和大小。所以，这些原子如同元素那样，通过聚合，产生能被视觉或别的感觉所感知的事物。实际上，原子之所以能够成为构成一切事物的最小微粒和最后单位，最根本在于原子是不可分割的基本微粒。而原子之所以是不可分割的，一方面是因为它极其微小，体积已经小到再也不可分割了；另一方面则是因为它的内部是绝对充实的，不存在任何空隙，所以它坚不可入。

除了原子的不可分割性之外，促成它能够成为构成一切事物的最小微粒和最后单位的另一个重要原因还在于它是不可感知的，凭借我们的感官我们并不能够直接地把握到它，但同时它又具有真真切切的实在性，你又不能够说它不存在、不具有实在性，或者说是虚无。这一点恰恰说明原子作为构成一切事物的最小微粒和最后单位，它完全区别于我们在现实世界中所感知经验到的所有其他事物，它以完全区别于任何其他可感知事物的方式存在着。它看似无形实则有形，与其他诸种有形事物相比较，它显得无形，然而作为构成一切事物的不可分割的最小微粒和最后单位，实则有形。正是这一特征使得原子能够真正从宇宙和自然世界中的所有事物中脱颖而出，真正具有作为"万物由之产生，万物又都复归于它"的本原存在的资格和条件。

正如巴门尼德当年提出的那个独一无二、不生不灭、不变不动、永恒存在的叫作"存在"的抽象概念一样，在德谟克利特这里，不可分割的原子也是我们看不见、摸不着的，它不是任何感觉的对象，只有在理智思维中才能把握到它。巴门尼德的"存在"不可分，原子也是不可分割的，只有由原子组成的物体才是可分割的。这一点充分说明对于古希腊哲学家，特别是那些自然哲学家而言，他们的宇宙观和世界观始终认为这个宇宙和世界并不是无限可分的，而是有限可分的。这一点与我们今天所持的世界观有一定的差异，因为我们总是认为，这个世界和这个世界中的物体是可以无限分割下去的。而关于这个世界是否无限可分的问题，现代物理学研究虽然已经深入量子与夸克的微观层次，但仍然是一个尚未解开的谜。

但相较而言，二者又有所区别。巴门尼德的"存在"之所以是不可分的，主要是由于它的唯一性，巴门尼德的"存在"是一。而德谟克利特的原子每一个都不可分，但其整体数量又是无限多的。所以，从这个意义上说，德谟克利特的原子是将巴门尼德的"存在"打散成无限多微小的"存在"，原子既是一又是多，它是一与多的辩证统一。同时，原子又不像当年阿那克萨戈拉的"种子"那样可以无限分割，原子所构成的一切复合物都可以再分割，但到作为最小微粒和最后单位的原子这里，就是真正不可再分割的了。因而，原子又是可分与不可分、连续性与间断性的辩证统一。

原子所具有的第二个基本特征是：原子数量无限，性质相同，相互之间只有形状、次序和位置方面的差别，原子构成事物就如同字母构成单词一样。也就是说，原子尽管数量无限多，但自身性质却是完全同一的，这也就意味着所有的原子都是同质的，相互之间没有任何性质上的不同，但它们在形状、大小、排列上有差异，因此能够组成无限多样的事物。

原子论者认为原子就是构成事物的最小微粒和基本单位，仅就此而言，它们与先前的那些多元论者并没有多大区别。原子论和恩培多克勒的"四根说"以及阿那克萨戈拉的"种子说"之间的相同之处在于，它们都沿袭了后智者派时代的希腊自然哲学试图运用一种基于空间结构和比例的元素构成的基本元素说，来取代早期希腊自然哲学的那种本原生成论的思维模式。然而，原子论和恩培多克勒的"四根说"以及阿那克萨戈拉的"种子说"之间的最大的区别在于原子论将四元素和种子的异质性抽象掉，成为有普遍性的同质本原。恩培多克勒的四根（水、火、土、气）很显然是四种完全不同的基本元素，尽管它们是构成万事万物最基本的四种元素，它们不仅相互异质，而且相互之间也不能进行转化。而阿那克萨戈拉的"种子"仅仅是在构成事物本原的东西的命名和名称上取得了一致，也就是说只具有名义上的一致性。但阿那克萨戈拉的"种子"最基本的特征就是相互异质，虽然都叫作种子，但此种子非彼种子。也就是说，种子和种子之间在本质上是不同的，头发有头发的种子，肌肉有肌肉的种子，骨骼也有骨骼的种子，它们相互之间性质完全不同，不能相互混淆。

因此，原子的第二个基本特征就直接决定了原子尽管在数量上是无限多的，但是它们不仅仅在名称上，而且在实质上也是完全相同的。正如德谟克利特和留基波所说的那样，"它们（原子）在形状上彼此不同，但它们的性质是相同的，就像从一块金子上剥离的许多金屑"。就此而言，原子论者完成了这样的一个思想创举，即在原子这个万物的本原身上出色地完成了数量上的"多"与本质上的"一"之间的统一。也就是说，原子既是多也是一，既是一也是多，原子在数量上是无限多的，但是这些无限多的原子不仅仅在名称上都被统一称作"原子"，而且在本质上也是完全相同的构成事物的基本微粒，在本质上也是完全统一的。这使得过去在恩培多克勒的"四根说"和阿那克萨戈拉的"种子说"中所出现的本原问题上"一"与"多"的根本矛盾得到化解。

希腊哲学从一开始就是要寻求万物的本原，为万物找出一个最初的根源，就是寻求事物的最终统一性。但是，要用唯一的本原说明万物的生成，就必须解释对立，即从唯一的本原如何能够产生相反且对立的性质和事物。古希腊哲学家大多数都采用的是将唯一本原抽象化和一般化，使之成为抽象掉任何具体性质内容的一般。米利都学派阿那克西曼德的阿派朗是这种抽象的一般，爱利亚学派巴门尼德的存在也是这样抽象的一般，而原子论者所说的原子也是如此。恩培多克勒和阿那克萨戈拉在深入剖析物质构造的时候，是用多元的本原取代了一元论，而只有原子论者所提出的原子才最终回复到了没有任何具体性质的抽象一般。可以说，德谟克利特的原子论哲学是古希腊自然哲学关于物质结构理论的最高抽象，它达到了古希腊自然哲学的巅峰。

原子论者将自然事物性质上的千差万别归因于原子在形状、次序和排列位置上的差异。留基波和德谟克利特都一致认为，原子与原子之间的差别有三种——形状、次序和位置。按照他们的原话来说就是，这些原子只在"状态""接触"和"方向"上有所不同，这里所谓的"状态"就是指形状，所谓的"接触"就是指次序，所谓的"方向"就是指位置。打个比方，以英文字母为例，比如 A 和 N 是在状态上有所不同，AN 和 NA 是在次序上有所不同，H 和 Ⅱ 是在位置上有所不同。而正是因为原子在形状、次序和排列位置上的差异导致它们所构成的事物千差万别、千奇百怪。举个例子来说，原子由于排列次序和排列位置上的变化导致所形成事物性质上的不同，就好比同样是两个英文字母"O"和"N"，它们由于前后组合次序的不同，就会分别构成两个意义完全不同的英文单词"ON"（在……之上）和"NO"（不）。再比如，同样的三个英文字母

"D""O""G"，由于排列顺序和排列位置上的差异，就会构成两个不同意思的单词"DOG"（狗）和"GOD"（上帝）。

除此之外，原子论者认为原子的形状、大小也互有差异，因而也会造成具有各种不同性质的自然事物。比如，火的原子形状细小、圆润平滑，因而它的性质就会活泼明亮；土的原子形体偏大、外表粗糙，所以它的性质厚实凝重。所以，由这两种不同形状和外表的原子所构成的两种基本自然物质——"火"与"水"——具有很大差异性。这也可以用来解释我们常常挂在嘴边的一句成语"水火不容"。也就是说，原子在形状、次序和位置方面的差异性在两个层面决定了由它所构成事物性质上的差异性。一方面，原子形状和体积上的差异直接决定着由它所构成事物的性质，比如导致前面说的水与火之间的差异；而另一方面，原子与原子相互间排列组合和位置次序上的差异也决定着由它们所构成的事物在性质上的不同，有如两个不同意思的单词"DOG"（狗）和"GOD"（上帝）之间的差异。因此，当我们要考察不同事物性质上之所以会产生差异时，既要从构成它们的原子自身形状和体积上的差别方面去寻找，也要考虑到构成事物的原子相互间排列组合和位置次序上的差异性。

那么，原子既然有形状大小上的差异，是否存在有重量上的不同呢？至少德谟克利特不这样认为。马克思在他的博士论文《德谟克利特的自然哲学和伊壁鸠鲁的自然哲学的差别》中，对此进行过专门考察，并得出结论：德谟克利特只是从原子特性与现象世界的差别的形成关系上来考察原子的特性，而不是从原子本身来考察。由此可以明显看出，德谟克利特并没有把重量当作原子的一种本质特性提出来。在德谟克利特看来，重量是不言而喻的东西，因为一切物体都是有重量的，同样，在他看来，甚至体积也不是什么基本的性质。体积只是原子在具有外形时就已经具备了的一个偶然的规定性。只有形状的差别使德谟克利特特别感兴趣，因为在德谟克利特看来，除了外形上的差别外，形状、位置、次序之中再也不包含任何其他的东西了。

简单来看，德谟克利特认为原子没有重量上的不同，后来的伊壁鸠鲁则指出原子有重量上的差异。这是二人之间的区别所在。德谟克利特用原子的外在形状解释说明事物性质的多样性，而体积，特别是重量都是附属于形状的"偶然的规定性"，并不是原子的本质特性。而希腊化时代的伊壁鸠鲁，已经开始深入研究原子自身内在的质的规定性，将原子的形状、体积和重量三者结合起来进行考察。在伊壁鸠鲁看来，它们都是原子的本质特性。当然，也有一说认为伊壁鸠鲁试图加入原子重量上的差异来说明原子在虚空中运动的原因。总之，是否认为原子除了形状上的差异，还有重量上的不同，这一点构成了早期原子论者德谟克利特和晚期原子论者伊壁鸠鲁之间的一个重要理论分歧点，尽管他们二人原子论哲学间最大的差异远非仅此而已。

原子所具有的第三个基本特征是：原子不生不灭，永恒存在，万物的产生与毁灭不过是原子的聚散。原子具有能动性，原子是自动的，并且永恒运动。原子在虚空中做直线运动。原子在虚空中结合和分离造成自然事物的生成与毁灭。

按照原子论者的看法，原子是同质的，而且内部充实没有任何的空隙，因此原子不可能从其他原子中产生出来，也不可能发生变易和相互转化。原子本身只能是永恒不变的，因此，它们只能是在虚空中运动。究竟原子是以什么样的运动造成事物的生灭变化呢？在德谟克利特看来，数量无限多的原子在无限的虚空中运动和互相冲撞。这些原子最初的运动类似于灰尘在光线中向各个方向的飞速运动。它们运动、碰撞，相互捕捉，有的能够相互吻合在一起，并且互相紧密地联结起来。它们中有些是有角的，有些是带钩的，有些是凸出的，有些是凹陷的，还有无数别的这样那样的差别。它们能够互相钩住，结合起来，直到周围某些更强的力量将它们分离开来。由于各自在形状、大小、位置和排列上不同，它们时而吸引，时而排斥，时而冲撞，时而互相捕捉，时而在某个偶然的方向上碰撞开来，最终那些在形状、大小、位置和排列上相互吻合的原子彼此连接起来，聚集在一起，这样就产生了复合的物体。

这就是我们所能知道的原子运动的情况。简单点儿说也就是，原子在虚空中做直线运动，无数做直线运动的原子由于方向不同而在宇宙中发生相互碰撞，形成旋涡运动，在激烈的碰撞过程中，由于相互间的吸引和排斥，以及它们各自在形状（有的凹，有的凸，有的有角，有的带钩，等等）、大小、位置、次序和排列上的不同，不同形状的原子相互结合，有些原子结合在一起，有些原子分离开来，逐渐形成了世界上的各种事物。

与我们的世界观和运动观完全不同的一点是，在原子论者看来，原子是自动的，而且永恒运动，根本不需要从原子外部去寻找原子运动的原因。因此，原子论哲学家不会也不需要去回答究竟什么是原子运动的第一推动力，或者说原子能够产生运动的第一原因究竟是什么。当代科学史家萨姆伯斯基认为，正是这种真实的科学本能，使原子论学派的奠基人摆脱了对第一原因和终极原因的追问，而从一开始就不提出运动原因的问题，而将运动作为一种既定事实加以接受。也就是说，当生活在今天的我们想要去追问原子运动的原因究竟何在的时候，如果德谟克利特有可能而且必须要作出回应的话，他所能给我们的答案就是原子本身是自动的，它的运动根本不需要什么原因，我们的这种追问反而变成了完全莫名其妙的多此一举。德谟克利特描述原子运动的画面，不禁使我们想到近代气体动力学理论中理想气体的分子。在近代气体动力学的相关理论中，这些理想气体的分子就处于以恒常冲撞为特征的永恒运动之中。

实际上，德谟克利特的原子论哲学所描述的运动只是原子在虚空中所做的凌乱的机械性运动，这种机械性运动最大的特点就是遵循着一种严格的机械决定论和因果必然性。我们可以试想这样的一番图景，一个原子 A 在虚空中做直线运动，它的运动方向和运动轨迹从一开始就是完全决定好了的。如果在虚空中运动的所有原子都如此的话，那么原子 A 在它的运动轨迹中会在什么样的一个时间点，在什么样的一个地方碰到什么样的一个原子，产生多大的冲撞力，乃至这种冲撞会形成多大的旋涡，导致什么样的后果都是在一开始已经全部决定好了的，都受因果必然性的制约。换句话说，一切的一切都是必然会以这样或那样的方式发生的。所以，德谟克利特的原子论为我们勾勒出的是一幅受严格机械决定论和因果必然性制约的世界图景，它抹杀了任何偶然性存在的空间和余地。这是德谟克利特原子论哲学的重大缺陷。

因此，希腊化时代的伊壁鸠鲁对德谟克利特的原子论哲学所作出的一个重大理论改进，就是认为原子除了会在虚空中做直线运动外，在运动过程中还会发生偶然的偏斜。同样作为原子论者，伊壁鸠鲁却坚持认为，原子在运动过程中必定会稍有偏斜，哪怕仅仅是最微小的偏离。而正是原子运动有偏斜这一重要修正，彻底打破了德谟克利特的原子论所勾勒出的受严格机械决定论和因果必然性制约的世界图景，赋予了每个原子以自由和自由意志。正如卢克莱修所指出的那样：如果所有的运动总是构成一条长链，新的运动总是以不变的次序从老的运动中发生，如果原子也不通过偏斜而开始新的运动以打破这一命运的铁律，使原因不再无穷地跟着另一个原因，那么大地上的生物怎么可能有其自由意志呢？这一自由意志又如何能挣脱命运的锁链，使我们能够趋向快乐所指引的地方，而且可以不在固定的时间和地点，而是随着自己的心意偏转自己的运动？毫无疑问，在这些场合里，原子都有各自的自由意志，从意志出发驱使着自我去运动。这就好比我们在现实生活中存在着许多的必然性，比如必须要在某个时间点去到某个地方见某个人或者办某件事。然而与此同时这个过程中却又充斥着大量的偶然性，比如我们去的过程中会在哪个时间点碰到什么样的一些人，会在什么样的机缘下发生一些什么样的事其实都是偶然的，或者说是我们偶然的遭遇。话说回来，这个世界其实既不是一个绝对必然的世界，也并非完全偶然的世界。用后来黑格尔的话来说，就是必然性通过大量的偶然性为自己的实现开辟道路。

何谓虚空

除了原子，留基波和德谟克利特认为，虚空也是宇宙和自然万物的本原，只不过它是原子运动的空间和场所。与不可分的"原子"相比，"虚空"概念的提出无疑是原子论哲学中更具创新性的哲学概念，在古希腊哲学史乃至整个西方哲学史上具有重要意义。

在原子论哲学中，"虚空"（kenos，empty）并不指空气，因为早在阿那克西米尼那里，就曾经把气作为万物的本原，这也就意味着，当时希腊人已经知道气也是一种具有实在性的存在物，只不过相比其他自然事物来说，它显得更加无定形。因此，德谟克利特在这里所说的虚空并非是完全空虚、完全空无一物的东西，并非是我们今天所说的虚无，而是不同于可见的自然万物和不可见的原子的另一种"存在"和"充实"。用我们今天的东西来比拟的话，它就像我们所说的网络等这些虚拟世界和虚拟空间，也像物理学上所说的"场"，它们都是真实存在的，只不过它们是不以具有广延性、空间性的方式存在的另一种实在而已。在德谟克利特的原子论看来，虚空所起的作用就是为原子提供运动的空间和场所。如果只有原子，整个宇宙就会变成充实的一团，原子的运动就会变得无法想象，变得不可能实现，而只有肯定虚空的存在，才能够为原子提供运动的空间和可能性。

在原子论哲学之前，毕达哥拉斯学派就曾提到过虚空，不过他们所说的虚空指的是空气。后来爱利亚学派的巴门尼德提出，只有"存在"存在，"非存在"则是不存在的，运动、多以及虚空都是"非存在"，因此它们是不存在的。使巴门尼德的空间概念陷入困境的是，他认为任何存在的东西都必须是物质的，因此如果空间存在，那么它必定也是物质的。爱利亚学派的第三位思想家麦里梭也曾经专门谈到过虚空的问题，在他看来，"存在"是充实的，而"虚空"才是不存在的，因为虚空就是空虚，就是一无所有。"因为虚空就是无有，无有的东西是不存在的。"存在之所以不能运动，就是由于没有虚空，因为如果有虚空，存在就会有移动的空间。"如果它（存在）不是空虚的，它就应该是充实的。如果它是充实的，它就是不动的。"始料未及的是，爱利亚学派有关虚空的这种说法反而启发了原子论者。原子论者认为虚空就其作为运动发生的场所的意义上说，乃是运动的条件。原子论者认为虚空不是绝对的虚无，虚空也是一种客观的实在，它为原子的运动提供空间和场所，缺少了它，原子的运动是无法想象的。

原子论者肯定了空间的实在性，从而为一种关于运动和变化的理论准备了条件。在原子论者看来，虚空作为原子运动的空间和场所，就好比我们日常生活中用来包装东西的容器一样。我们可以肯定空间的存在，同时无须把空间理解成完全物质性的。空间好比一个容器，它可以在某些地方是空的，而在另一些地方是充实的。这样，空间或虚空就可以像一个容器那样作为内部物体移动的一个场所而存在。德谟克利特认为，如果没有虚空，运动就不可能存在，因为凡是充实的地方就不能包含更多的东西。否则，就会有两个东西挤在同一个地方，大家相互间牢牢地卡在一起而动弹不得。有了虚空，就好比一个空桶才能拿来盛水一样，原子才有运动的空间。原子论者所说的虚空，简单来说，就是抽掉原子及其运动后所剩下的那个空间场所，如果可以这样来设想的话。而他们所说的原子运动，主要也是指在空间中的位移运动。可见，原子论者所提出的"虚空"概念，非常接近于近代大物理学家伊萨克·牛顿所提出的绝对空间的概念，它们都是作为物体运动的基本场所和重要载体，离开了它们，任何种类的运动都不可能发生。因此，虚空和原子一道，都是构成自然万物的两大本原之一。

同时，原子论者所说的虚空还起着另外一种作用，即在原子相互结合形成物体的过程中，虚空造就了原子和原子之间的空隙，这种空隙和距离间接造就了原子与原子之间的吸引和排斥，从而使得不同原子产生相互结合和分离的运动，最终构成自然界千差万别的万事万物。从这个意义上讲，正是虚空的存在使得原子的结合具有不同的形式结构，从而造成事物具有不同的性质。除此之外，原子相互结合的次序和位置都是在一定的虚空中形成的，因此，物体性质上的不同也很大程度上取决于它们内部原子之间的空隙不同，比如，一块海绵和一块石头的比重和质量都有所不同，很大程度上就是由于它们内部原子之间的空隙有很大差异性。在这个意义上，虚空又不仅仅扮演了充当原子运动的空间和场所的角色，同时也和构成事物的原子一样直接决定着自然事物性质上的差异和不同。正是在这样两层意义上，原子论者坚持认为原子和虚空是构成自然事物的两大本原。

总体而言，留基波和德谟克利特的原子和虚空学说，是对早期希腊各派哲学综合、改造和系统化而形成的一种新的哲学理论。它坚持并发展了伊奥尼亚自然哲学传统，沿袭了后智者派时代的希腊自然哲学试图运用一种基于空间结构和比例的元素构成的基本元素说，来取代早期希腊自然哲学的那种本原生成论的思维模式。原子论者进一步将恩培多克勒和阿那克萨戈拉的多元异质的元素和种子，改造成为一元同质的原子，排除了"爱"和"恨"以及努斯这些外在动因。它将恩培多克勒四根说和阿那克萨戈拉种子说的那种比较粗糙的混合和分离，改造成为比较精致的原子和虚空以及两者相统一的物质结构，从而打造出了一种更加精致的原子论自然哲学。不仅如此，它将爱利亚学派的那个独一无二、不变不动、不生不灭、永恒存在的抽象化的"存在"，打散成无数个在虚空中自动的具有能动性的原子个体。此外，原子论者关于在虚空中运动的原子在形状、次序、位置等结构形式上的差异直接决定事物性质的观点，也吸收和改造了毕达哥拉斯学派关于数与形之间关系的思想。

总之，德谟克利特的原子论解决了古希腊自然哲学流派在回答万物本原问题过程中所面临的一系列内在矛盾和问题。在原子论哲学中，存在与非存在、本原的"一"与"多"、连续性和间断性、自然的本原与自然现象，最终都在物质的原子结构上得到统一。从这些方面来说，德谟克利特的原子论哲学代表了整个古希腊自然哲学的最高成就。

东西方原子论思想比较

其实，不仅在古希腊哲学中，在东方古印度哲学中也有原子论思想。在古代印度，对原子论作过论述的主要有六个派别："非正统派"的顺世论、耆那教和佛教的说一切有部；"正统派"的数论、胜论、正理论。其中最典型的代表就是印度古典胜论的原子论。印度古典胜论的原子论思想是在《胜论经》及其随后的注疏中具体阐发的。其内容和特点表现在以下几个方面：（1）承认客观物质世界是由不同性质的原子（paramanu，极微）组成，所谓原子就是实体被分割成最小的单位，它永恒不变，但它们所构成的一切现象都是可变的、暂时的；（2）原子两两成双成对地结合在一起，从而形成各种现象；（3）原子呈现出来的基本形态有地、水、火、光、风，且它们各自具有不同性质；（4）原子在"不可见力规律"（adasta）的支配下运动、结合。

德谟克利特的原子论与印度古典胜论的原子论可以从以下三个方面来进行对比。首先，德谟克利特和古典胜论的原子论在宇宙本原问题上都持朴素唯物主义观点。他们都是从具体个别事物中找出世界本原的物质性根源，并把它作为构成世界万物的最小单位。但其中也有分歧，德谟克利特始终坚持一元论，认为尽管原子在数量上是无限的，也存在诸如大小、形状、次序上的差异，但所有原子在性质上是相同的。而古典胜论则表现出多元多质的特点，古典胜论虽然承认客观世界是由原子所构成的，但却认为原子在性质上并不相同，原子的基本形式（地、水、火、光、风）都具有各自不同的性质，但它们都属于原子的不同表现形式。

其次，在对原子本质的认识上，德谟克利特和古典胜论都认为原子是物质不可分割的最小单位，是永恒的，而由原子所结合而成的客观物质世界的一切现象都是可变的、暂时的，客观物质世界由于原子相互间的聚合而产生，也由于它们的离散而消亡。他们之间的差异在于，德谟克利特认为原子在性质上是相同的，世界万物的多样性是由于原子的数量、排列、次序、位置等结合的不同而产生的；而古典胜论则认为原子具有多种形式，每种形式的原子都具有自身的特殊性质。

最后，关于原子的运动，德谟克利特和古典胜论都承认原子和运动不可分，主张原子的运动形式是机械式的结合与分离，因而都具有机械唯物论色彩。但在原子运动的原因问题上，他们又有不同解释。德谟克利特认为原子的运动是原子之间相互吸引和排斥所引起的冲撞，这是从原子自身的性质来解释原子的运动。而古典胜论则认为原子的运动是由一种"不可见力的规律"所导致的，这种"不可见力"存在于自然界内部，是一种不可捉摸的自然力量甚至是超自然力量，因此它最终倒向了宗教神学。

综上可见，德谟克利特的原子论和印度古典胜论的原子论之间有许多共同特征，但也存在诸多差异性。应该说，二者都是各自社会生产力水平和自然哲学发展共同作用的产物，它们的出现具有历史必然性。但毕竟从希腊和印度的历史来看，它们当时无论是在自然、地理、风俗、习惯等诸多方面都存在巨大差异，因此出现思想上的差异和分歧也在所难免。

除了古印度的古典胜论，在中国哲学界有很多人认为，后期墨家的"端"说，其实就是中国古代的原子论。考察中西哲学史，我们不难发现，所谓墨家"端"说主要是针对惠施一派所讲的"一尺之棰，日取其半，万世不竭"的观点而提出；而德谟克利特的原子论主要是承袭古希腊哲学一直以来对于世界本原问题的探讨而产生。这种思想前提和理论预设上的根本差异也使得二者之间存在巨大理论差异。

第一，墨家认为"端"是"无厚"的，也就是说是没有体积，没有空间广延性的。在墨家看来，"端"没有大小，没有体积的质点，因而也非常神秘，令人捉摸不透，即便根据我们目前的认知，这种"端"也是不存在的，它只是一种几何学的抽象。由于墨家大多数都是手工业劳动者，在实际生活和劳作中常常会接触到几何学问题。因此，极有可能是墨家把这种几何作图当作一种经验，从而把几何学的抽象当成了现实事物的一种属性。而与墨家相反，德谟克利特的原子是很实在的东西，根本不同于墨家那个虚无缥缈的"无厚"的"端"。

第二，虽然墨家和德谟克利特都讲"端"或"原子"不可分，但实际上，墨家讲的不可分是思维本性的不可分，而德谟克利特讲的是物质本性的不可分，这二者存在本质差别。墨家不是从物自身的本性来考察物，而更多是着眼于思维本性来考察物，而德谟克利特则正好相反。这是两种完全不同的思考方法和思维方向。墨家认为，在我们的思维里能够被分割的东西在现实中也一定能够加以分割，这实际上就是把思维的本性强加给物。所以，在墨家看来，只要是有大小、有体积的物都是可以"取半"的，只有取到"无厚"的"端"才不可再分。可是惠施一派却说可以无限分割下去，也因此墨家提出"无厚"之"端"来反对惠施一派的这种说法。

而德谟克利特的原子论哲学则是沿袭了后智者派时代的希腊自然哲学试图运用一种基于空间结构和比例的元素构成的基本元素说，来取代早期希腊自然哲学的那种本原生成论的思维模式，进一步将恩培多克勒和阿那克萨戈拉的多元异质的元素和种子，改造成为一元同质的原子。原子论将恩培多克勒四根说和阿那克萨戈拉种子说的那种比较粗糙的混合和分离，改造成为比较精致的原子和虚空以及两者相统一的物质结构，从而打造出了一种更加精致的原子论自然哲学。不仅如此，它将爱利亚学派的那个独一无二、不变不动、不生不灭、永恒存在的抽象化的"存在"，打散成无数个在虚空中自动的具有能动性的原子个体。这些都表明，德谟克利特的原子论是一种纯粹的自然哲学思维。

第三，墨家所谓的"端"实际上并不是什么真正意义上的物质粒子。因为，但凡作为物质粒子，它就必须具有相对独立的要素或部分，然而墨家的"端"并不具备这一点，这和德谟克利特的原子存在巨大差别。墨家的"端"就好比一锅面糊中一滴滴糊精，而德谟克利特的原子则好像一锅米饭中的一颗颗饭粒，区别就在于前者不存在独立要素和结构，而后者具备独立的要素和结构。造成这种差别的主要原因在于墨家的"端"说只是在以几何学的方式思考问题，没有引进"虚空"的概念。因为几何学中任一条直线上的点（也就是墨家所说的"端"）相互之间是紧密挨着的，不存在丝毫的空隙。在墨家看来，"端"与"端"之间紧密相连而没有任何空隙。而德谟克利特则在作为宇宙最小微粒的原子之外专门引进了"虚空"概念，认为原子与原子之间存在虚空，从而使原子成为具有相对独立性的真正的物质粒子。

第四，墨家的"端"仅仅是"无厚"，仅仅是无差别的质点，它们不存在相对独立性，也就没有任何所谓的内部结构。因此，墨家的"端"说重功能而轻结构。相反，德谟克利特的原子具有相对独立的物质结构。在德谟克利特看来，每个原子不仅具有相对独立性，而且原子与原子之间普遍存在诸如大小、形状、次序、组合等结构方面的细微差异。也就是说，原子和原子之间具有不同的内部结构。

第五，墨家没有说明"端"的能动性，而德谟克利特的原子却具有自我能动性，而且是必然的。实际上，由于墨家的"端"没有相对独立性，并且没有引进作为物质运动场所的"虚空"概念，也就注定缺乏有关"端"的能动性的思想。因此，这也直接导致了墨家的"端"说不可能很好地去解释万事万物的生灭变化。相反，德谟克利特通过设定原子自身的能动本性，通过引进虚空的概念，从而为原子论能够解释宇宙万物的生成变化奠定了理论基础。

总之，两种原子论不同的命运走向，恰恰折射出中西哲学思维方式上的根本差异。

第4章

世界的图景：必然性和宇宙观

　　留基波留存的唯一完整的一句话就是："没有任何事情是随便发生的，每一件事都有理由，并且是遵循必然性的。"可见必然性的概念在早期原子论哲学家那里究竟意味着什么。作为留基波的学生和后辈，德谟克利特不仅继承了这一思想，而且第一次从哲学上阐述了"必然性"（ananke，necessity）这个概念。赫拉克利特曾经把逻各斯作为必然性的命运，巴门尼德把必然性描述为命运女神，恩培多克勒只在讲到灵魂的轮回转世的时候讲过必然性，带有强烈的神秘主义宗教的意味。德谟克利特用必然性的概念来描述宇宙演化与自然现象，使它成为原子论哲学体系的一个重要哲学范畴。

"必然性" 图景

德谟克利特写过一系列自然哲学著作，都命名为关于某种自然现象的"原因"，也就是要深入探究这些自然现象背后必然的因果关系，如《天体现象的原因》（*Heavenly Causes*）、《大地表面的原因》（*Causes Affecting Earth Surface*）、《声音的原因》（*Causes Affecting Voices*）、《种子、植物和果实的原因》（*Causes Affecting Seeds，Plants and Fruits*）、《动物的原因》（*Causes of Animals*），等等。

德谟克利特在这里所说的必然性，其实指的就是任何事物和现象的产生都具有的因果性关系。也就是说，自然界任何一种现象的发生和事物的产生，都必定会有它们各自的原因，都必然会受到这些原因的决定和支配。依托于自己的原子论哲学，德谟克利特认为一切事物都是根据必然性发生的，旋涡运动是产生一切事物的原因，这也就是德谟克利特所称之为的必然性。如果我们掌握了这种必然性，内心就会获得前所未有的平静和安宁的状态，不受恐惧、迷信以及其他情绪的困扰。德谟克利特决心去探寻这种必然性，甚至"宁愿找到一个因果的说明，而不愿获得波斯的王位"。

值得注意的是，德谟克利特所说的必然性首要是要解释宇宙生成演化的基本法则，是要把这种必然性的眼光和解释贯注在对原子运动的描述过程中，而并非像后来的亚里士多德一样，想要循着因果性追溯的逻辑链条找到世界和宇宙的终极原因和终极目的。因此，亚里士多德评论说德谟克利特无视目的因和终极因，而将自然界的一切作用归结为某种必然性。在亚里士多德看来，自然界的一切运动和相互作用都是必然的，原子的运动也遵循着因果必然性的支配，这一点是毫无疑问的。但是，除此之外，宇宙和自然事物还有它们生成演化的终极原因和终极目的，原子的运动还需要有所谓的第一推动或终极推动。只有这样，这条因果必然性的逻辑链条才是完整的和自洽的。

在《动物的生成》一书中，亚里士多德曾举例说，如果说宇宙事物生成演化的唯一原因仅仅在于必然性的话，那么正如同说，从水肿病人身上放出水，其原因在那把做手术的柳叶刀，而不是因为健康的原因和目的，正当的逻辑应该是，我们正是为了健康的原因和目的，才会用柳叶刀在这位水肿病人身上完成这一手术。也就是说，在亚里士多德看来，德谟克利特讲的必然性，只是去寻求一些最初级、最直接的原因，只是去寻求物理上的因果关系，而不是从它的目的方面去考虑。

至少从亚里士多德的立场来说，这一指责是有道理的。因为亚里士多德认为，当我们要去考察一个事物存在的原因时，必须从四个方面作全面的分析与考察。即这个事物究竟是由什么东西所构成（质料因），这个事物的本质究竟是什么（形式因），这个事物的形成和变化究竟是由什么东西在推动着（动力因），以及这个事物的形成究竟是为了什么目的（目的因）。任何一个事物的生成和存在都一定是由这四个方面的原因所构成的。比如，我们眼前的一张书桌，从质料因上讲，它是由一堆木料构成的；从形式因上讲，它的本质是一张书桌或桌子，也正因此我们才把它称作一张桌子；从动力因上讲，这张书桌的形成有赖于某个木匠或精巧或粗糙的设计和工作，依此我们评判这个木匠技术活究竟做得怎么样，到底是个好木匠还是个坏木匠；而从目的因上来说，这张书桌的目的是方便我们阅读和学习的使用。

但是，德谟克利特其实也有他自己考察问题的角度，之所以如此强调这种因果必然性，关键原因还在于德谟克利特只是想去把原子怎样运动，从而形成宇宙万物的过程讲清楚。所以，他用一套因果必然性和机械决定论的方式向我们勾勒出了原子在虚空中运动的世界图景。究竟是否要寻求宇宙生成和原子运动的终极目的，至少在德谟克利特那里还不是一个真正急待解决和考察的问题。所以，从这个意义上说，德谟克利特与亚里士多德之间的思想差异表现为主张因果必然性和主张宇宙目的论之间的理论区别。

坦白地说，德谟克利特所说的必然性本质上就是因果关系，原子在虚空中所做的一切运动和相互作用都受到这些因果必然性关系的绝对支配。因此，它也直接造成了这样的理论后果，即完全把原子运动所可能具有的偶然性、自发性和个体能动性的要素都置于因果必然性的严格控制下，彻底抹杀了个体原子所具有的能动性、个体性和自由性，而将一切现象和运动都归之于必然，因而有浓厚的严格机械决定论的宿命论色彩。亚里士多德在《物理学》中批评有些人（其实是不点名地指德谟克利特）竟怀疑偶然性和自发性是否实在；批评有些人（其实说的还是德谟克利特）认为没有什么事情是偶然发生的，所有事情都一定是有原因的；批评有些人（主要是指德谟克利特，可能也包括阿那克萨戈拉）认为天体和宇宙世界是自发生成的，将一切存在物分离开并安排在现有秩序中的那种旋涡运动也是自发产生的。对于这些人的上述说法，亚里士多德感到相当惊讶。

当然，德谟克利特的这种看法其实仔细分析起来也有他的道理。比如有人到市场上去买东西，偶然遇到了某个他正要去找的人，遇到这个人很显然是偶然的，但如果仔细分析也一定会有其必然原因，那就是他到市场上去买东西这件事决定了他一定会碰到这个他要找的人。德谟克利特自己也举例说，某些看起来是偶然的事件，比如种橄榄时挖地发现了宝藏，秃鹰从高空猛扑乌龟而碰破了脑袋，等，也都有其必然的原因。但是如果仔细分析这些例子，这些必然性中却又蕴含着极大的偶然性，这也许正是德谟克利特过分强调因果必然性所缺失掉的。以买菜的个案为例，一个人要到菜市场去买菜，他的这个行为只要是下定了决心去做就是必然会发生的，他必然地会到达那个菜市场，这个买菜的行为也必然会使他在去菜市场的路上碰到其他的人，但是他究竟会碰到什么样的人，究竟会不会碰到他所想要见到的那个人，这些都是偶然性的事件，都是要讲概率性的，需要双方甚至是各方面机缘的巧合，而这其实都带有极大的偶然性。因此，真实的情况也许是，必然性中恰恰蕴含着极大的偶然性。种橄榄必然会要去挖地，但会不会挖到宝藏就是偶然的了，亚里士多德后来也正是举德谟克利特当年所举的这个例子来为我们解释什么叫作"幸运"或"运气"，至于秃鹰从高空猛扑乌龟而碰破了脑袋，只能叫作"不幸"或"倒霉"。

实际上，德谟克利特如此强调因果必然性，如此否定宇宙生成、自然演化和原子运动中具有偶然性，恰恰表明他对因果必然性的理解是机械的、片面的。20世纪著名英国哲学家伯特兰·罗素评价说原子论者其实是严格的决定论者，他们相信万物都是依照自然规律而发生的。尽管如此，罗素还是认为其意义重大，认为原子论者要远比那些批评他们的人科学得多。至少在罗素看来，原子论者问的是机械论的问题而且作出了机械论的答案。可是他们的后人，当然包括亚里士多德在内，直到文艺复兴时代为止，都对目的论的问题更感兴趣，这样做反而是把科学引进了死胡同。

"命"与"必然性"

中国古代的庄子（约前 369～前 286）和德谟克利特是生活在几乎同一时代的中西方哲学史上颇具影响的两位哲学家。他们都活跃于中西方哲学发展史上的思想原创阶段，而他们的哲学思想既带有这一历史时期所特有的朴素性和直观性，也充满着内在矛盾性和丰富想象力。他们提出的一些基本哲学范畴、观念具有某种惊人的一致性，而且成为各自哲学思想发展不可或缺的重要一环。其中，庄子的"命"和德谟克利特的"必然性"概念之间存在着某种有趣的思想对照。

"命"是庄子哲学的一个重要范畴，在根源上它来自于"道"和"天"的决定作用。所谓"道与天貌，天与之形"，讲的是道与天是世界的本原；所谓"万物之所系，而一化之所待"说明道是决定包括命在内的世间一切事物的究竟。在《天地》中，庄子又从万物生成的角度对命作了规定。一句话概括就是，事物在未形成形体之时，已经具备了阴阳的区别，而且阳变阴合流行其间，这就叫作命。因为命在万物未形成形体之时就已经存在了，所以，命是事物先天具有的一种属性。例如，小的布袋就其自身属性而言就是不可以装大的东西，短的绳子不能够汲取深井里的水。这些都是不以人的意志为转移的客观属性。因此，命作为一种先天必然具备了的属性，人们就要千方百计与之相适应，而不是执意去损益它。从这些角度来说，庄子的"命"是一种不可知的力量，具有一种人力所不能及的抽象必然性。

我们可以发现，庄子的"命"的概念和德谟克利特的"必然性"概念的的确确存在许多相似之处。首先，在庄子那里，命意味着一种无可改变、不得不如此的必然趋势，是生命存亡、自然更替变化背后的必然性根据。这与德谟克利特强调必然性是一切事物和现象之所以产生的最终原因是一致的。其次，庄子的命和德谟克利特的必然性都无一例外地排斥偶然性。前者认为偶然性也是一种必然，后者则批评承认偶然性是一种不理智的行为，是对必然性的无知。

再次，庄子的命和德谟克利特的必然性都是对神学目的论的一种否定。庄子的命虽然还保留有中国早期传统宗教的形式，但命的内容却完全不同于宗教的预定论和天命。在庄子那里，命只是不知所以然而然的必然性，并不是客观意志赏善罚恶的结果，因而没有惩罚和恩赐的含义。实际上，庄子是以无意志、无目的的命否定了天帝、神灵等人格神的存在，在很大程度上带有自然神论和泛神论的色彩。而德谟克利特干脆把必然性等同于事物内部的因果规律性，用严格机械决定论来反对柏拉图的神学目的论。虽然德谟克利特也承认神灵的存在，但在他看来所谓神灵也不过是原子运动和原子结合分离的必然结果。

除了这些相近之处，二者之间又不可避免地存在一些相异的地方，而这些相异之处也恰恰折射出中西方哲学精神的不同特质和内涵。

首先，从理论来源上看，庄子的"命"源于他的道论。在庄子那里，道是事物的本原，也是认知和把握宇宙的最高原则。它是普遍自存的"一"，不存在性质、大小、形状等方面的任何差别。道与世间万物之间的关系并不是一种一与多、整体与部分之间的关系，而是一种本体论意义上的决定，以及主观性观念中的体认关系。因而，庄子提出了"齐物论"的认识方法和"安命论"的生活原则，主张齐生死、齐寿夭、齐万物、安命乐道，反对强为。反观德谟克利特的"必然性"概念，其源于他的原子论。原子存在着性质、大小、形状等方面的差别，原子与万物之间的关系是一种分别对应的关系，有多少类事物就有多少类原子与之相对应，原子的性质不同，它所决定的事物性质也不相同。

其次，庄子的命具有一种不知其所以然而然的神秘性，并非是事物的内在规律，它也不具有赏善罚恶的强制性，这与德谟克利特所讲的必然性不一样。德谟克利特的必然性等同于事物内部的因果规律，具有不可违反的客观强制性，因而德谟克利特的必然性最终走向了机械唯物主义的决定论，根本否定了任何偶然性。而庄子刚好相反，他的命是不可认识和不可捉摸的，人们对它无可奈何，只能敬而远之、顺其自然。因而，庄子的"命"的概念最终通向了一种自由理想。

从二人思想的出发点和落脚点来看，可以深刻地窥见到中西哲学精神之间所存在的相异旨趣。庄子"命"的概念重视对主体生命价值和意义的探讨，强调把对生命的追问和主体价值的确立作为哲学追求的首要原则，充分展现出了中国哲学以生命、价值、情感为本位的思想特征。相反，德谟克利特的"必然性"概念重视对事物内部因果规律的探讨，侧重考察宇宙生成演化之法则，充分体现出了西方自然哲学的理性精神。

旋涡运动的法则

德谟克利特正是运用原子旋涡运动的必然性阐述了世界生成和宇宙演化的图景。艾修斯记载说："（关于必然性）德谟克利特认为就是指原子的运动、抵抗力和撞击力。"数量无限的原子在广阔无垠的虚空中做直线运动，无数做直线运动的原子由于方向不同而在宇宙中发生相互碰撞。原子在互相撞击的作用力下，自然地形成一种旋涡运动。这一场景就像现代物理学的气体分子运动理论所描述的那样。在激烈的碰撞过程中，由于相互间的吸引和排斥，以及它们各自在形状、大小、位置、次序和排列上的不同，不同形状的原子相互结合，有些原子结合在一起，有些原子分离开来，逐渐形成了世界上的各种事物。

实际上，表面上看似凌乱的原子运动却遵循着两条具有必然性的物理法则。第一条法则就是同类相聚或同类吸引。德谟克利特认为同类相聚是自然界的普遍法则。俗话说"人以类聚，物以群分"。生物同类相聚，如鸽和鸽，鹤和鹤，动物世界都是如此。非动物世界也是这样，人们可以在筛种子时或在沙滩上的石子中看到这一点。就前者而言，由于筛子的旋转，豆和豆、大麦和大麦、小麦和小麦合在一起；对于后者来说，由于海浪的运动和作用力，卵石和卵石、圆石和圆石在一起。别的事物也同样，好像有一种必然的吸引力将它们自然聚合在一起。与当年恩培多克勒所讲的元素与元素间的同类相聚不同的是，原子与原子之间的结合不需要依靠"爱"与"恨"这些外在力量的作用。德谟克利特说的同类相聚主要是指同类原子或相似原子彼此间发生的物理作用。换句话说也就是，原子在旋涡运动中，由于相互间的作用，不同形状的原子相互结合，形成水、火、土、气等基本元素，逐渐形成了宇宙万物。

第二条法则是原子由于各自在形状、大小、位置、次序和排列上的不同，会在旋涡运动中形成各种不同的运动方向。原子越大，它就越重。德谟克利特这里所说的原子的轻重和原子的形状、大小紧密相关。根据亚里士多德在《论天》中所说"绝对的轻重"和"相对的轻重"之间的区别，当代法国学者奥布莱恩在《德谟克利特，重量和大小》一书中认为，德谟克利特的原子近乎有绝对的重量，只是对于由原子复合组成的物体，亚里士多德才说它们有相对的重量。所谓相对的轻重，是指两个有重量的物体，比如木与铜，在大小相同的情况下，铜的下降速度比木要快，就是相对的重。在古希腊哲学家看来，整个宇宙是圆形的，无所谓上下，但有中心和边缘的区别。当原子运动时，有些原子总是从中心向边缘运动，就是绝对的轻；相反，如果从边缘向中心运动，就是绝对的重。德谟克利特认为，原子在无限的虚空中做旋涡运动时，大小不同的原子在旋涡运动中形成了不同的运动方向，重原子趋向旋涡中心，轻原子则趋向旋涡的外层，不同原子在这种分离运动中的相互结合就形成了万事万物。

遵循着以上的两条基本法则，德谟克利特眼中的世界就是这样生成的：无限数目的原子在无限的虚空中运动，互相作用，形成一种旋涡运动，在彼此冲撞中同类相聚，并形成不同的运动方向。相对较轻的原子在旋涡运动中被不断抛向边缘，相对较重的原子则不断向旋涡中心集结，因为原子间的相互吸引，这些原子紧密结合在一起，处于旋涡运动的中心地带。而被抛向边缘的原子也不断与其他处在边缘地带的原子相互吸引并逐渐结合在一起。这些原子的结合物最初形成了构成万事万物的基本元素，而后逐渐生成了宇宙万物。月亮、太阳和各种星辰就是这样形成的。

而由原子旋涡运动所生成的世界，在宇宙中有无数多个。无数多个世界产生又消亡，重新分解为无限多的原子。有无数个大小不同的世界。在有些世界中，既无太阳也无月亮，在另一些世界中，太阳和月亮比我们这个世界中的太阳和月亮要大，而另一些世界中不只有一个太阳和月亮。这些世界距离不等，某一个方向大些，另一个方向小些。一些世界正处在鼎盛时期，另一些世界在衰落之中。这里的世界产生了，那里的世界毁灭了，它们是因彼此冲撞而毁灭的。某些世界没有动物、植物，也没有水。整个世界和宇宙就处于原子相互结合和相互分离的生灭变化过程中，万事万物的生成和消亡归根结底不过就是原子的聚合与分离而已。

德谟克利特认为，一个世界的衰亡，或者是由于它达到鼎盛期后不再能够从外层虚空补充新原子，它自身逐渐自我分解为一个个独立的自由原子；或者是在运行中与另一个世界聚合在一起，但构成它的原子本质不变，所谓聚合只不过是产生了原子的更大规模的聚集。无限宇宙中有无数个世界生灭不息。

它们产生于原子的旋涡运动，又逐渐衰变为自由原子，而这些自由原子又会在另一个时刻聚合成另一个世界。一切世界、一切事物都是有生有灭的，只有不断运动着的原子永恒不灭。这就是德谟克利特为我们揭示出的一幅宇宙演化的总画面。

德谟克利特的宇宙演化学说，虽然还停留在原始朴素的假说阶段，但是比起早期希腊自然哲学的宇宙论，无疑显得丰富许多。而且它和后来自然科学时代那些比较成熟的宇宙论相比，也有很多相近之处。例如，后来 17 世纪笛卡儿提出太阳系起源于以太旋涡运动，18 世纪拉普拉斯提出太阳系起源于白热气体旋涡运动，而后来康德提出著名的星云假说，主张太阳系起源于物质微粒的凝聚和旋涡运动。这些近代的自然科学假说，其实都与德谟克利特的宇宙演化理论多多少少具有相类似之处。

自然现象的原因

除此之外，作为一位自然哲学家的德谟克利特还试图运用原子论哲学探讨各类自然现象的原因，写过许多著作。他重视研究数学，特别是几何学。他认为几何学上的圆和直线都是一种抽象的几何图形，不能为我们的经验所感知到，而且往往和我们的感觉经验相悖。例如，几何学上说"圆和直线只能在一点上相切"，而人们看到的一个铁环和一根直杆却绝不止在一点上相切。德谟克利特以此来反对完全抽象化的几何学研究。他却深入研究过数、锥角、锥切面等几何学问题。希腊化时期的著名数学家、力学家阿基米德称赞德谟克利特确实对圆锥体和角锥体的定理有不小的贡献。这些定理大致包括：一个圆锥体是一个底面和高与之相同的圆柱体的三分之一，角锥体是一个底面和高与之相同的角柱体的三分之一。而德谟克利特是第一个没有作出任何证明而陈述这些几何定理的。

德谟克利特也深入研究过天文学。他的老师留基波曾经认为太阳炽热，最明亮，所以运行速度最快，处在离大地最远的外层轨道上，其次才是别的天体，包括恒星、月亮，它们靠近大地。德谟克利特却认为，我们不能只凭天体的亮度来判断其运行速度的快慢和运行轨道的远近。天体越靠近旋涡中心，受旋转力影响越小，速度越慢；反之则速度越快。他指出，恒星离大地最远，看起来似乎不动，其实运行速度最快，其次才是太阳、月亮。他专门写过《论行星》（*On Planets*），指出行星很多，不少行星尚未被人发现。留基波主张月亮本身有微弱的火，能发光。而德谟克利特则认为月亮同地球一样，有山峡幽谷，那就是人们所看到的月亮上的阴影，它本身不发光，只是由于反射太阳光而明亮，这其实和我们今天对月球的认识更为接近。

德谟克利特还详细解释了风的成因。他认为，当大量原子聚集在较小的空间时，相互间猛烈冲撞，从而造成空气流动，便形成风；而当原子分离和散开时，空间变大，于是风就平息了。打雷的原因是由于云块中原子结合不平衡，往下方挤迫。闪电是云块的冲撞，由于这种冲撞，生火的粒子聚集在一起，它们彼此摩擦，通过许多空隙，进入下一个点而滤出。海上龙卷风的发生是因为具有较多虚空的原子的结合，被带入虚空的地方，而且有一种特殊的膜包围了它们，然后由于许多因素混合，形成猛烈旋转翻腾的东西。我们今天的气象学有一个专门的术语来描述德谟克利特所说的这种现象，那就是所谓"强对流天气"。

德谟克利特认为闪电和打雷其实是同时发生的，因为视觉快于听觉，所以才造成二者前后有别的感觉。海水中原本含有很多盐粒子，由于同类相聚的原理，所以水蒸发后就会结晶成一颗颗的盐粒。德谟克利特也曾写过专门著作研究当时学者们所热衷讨论的尼罗河泛滥的原因。在德谟克利特看来，主要是夏季非洲高山上积雪融化造成的结果。而之所以会有如此多的积雪，是因为季风将许多水蒸气凝结成的云块吹送到埃塞俄比亚高山上凝冻而成的。

德谟克利特还利用原子论解释物理现象。关于磁石会吸铁的原因，德谟克利特认为磁石吸铁是在虚空中进行的，磁石和铁都是由形状相似的原子所构成，但构成磁石的原子比构成铁的原子形状更小，磁石内部的原子组合更松散，拥有较大的空隙，能很快进入铁中，激动铁原子，使它们进入磁石内部较松散的空隙。

德谟克利特还对生物生理作过许多研究。他用原子论的观点解释植物营养、果实成因，从动物皮肤和血管的孔道结构阐述营养吸收过程。他认为有些动物头上长角，是由于动物的营养物通过网状血管，渗入前额含有孔道的骨壁，接触到冷空气而逐渐硬化形成的。他观察了狮、鹰、蜘蛛、海鱼的特殊生理功能，用原子的生理结构加以说明。比如，他认为狮子睡觉不闭眼、猫头鹰夜间视力好，是由于它们的眼睛内部含有较多的火原子。

他具体研究了动物的繁殖问题，认为动物和人的生命力在于活跃的圆球形的原子。动物的精子和卵子的生殖力在于从身体各部分吸取过来的各种元素，它们集中到精子或卵子中，包含了身体各重要部位的细微成分，而骨、肉、筋是身体最重要的成分。他认为，精子和卵子间并不均衡的结合，是生命体繁殖的原因，就像无生命物质中原子在碰撞中结合一样。他反对阿那克萨戈拉和第欧根尼认为只有雄性种子才具有繁殖能力的观点，主张雄性和雌性的种子在繁殖中都起作用。关于在动物和人的生育繁殖中决定胎儿性别的原因，他一方面不同意恩培多克勒认为性别取决于子宫内的温度，也不同意阿那克萨戈拉主张性别取决于精子长在子宫左边还是右边。德谟克利特认为胎儿性别取决于父母的种子在结合体中谁占优势。这些都可以看作最早的基因遗传学思想。

德谟克利特也曾写过一些专门的医学著作，涉及营养、摄生及诊断等，而且还特别研究过某些特殊的热病。他强调医学首先从营养出发，主张身体健康在于身体内各种要素的均衡，主张疾病预防重于治疗。在道德残篇中，他主张节制欲望有助于保持身体健康，而纵欲则会导致身体分崩离析。

第 5 章

灵魂的认知：影像说

灵魂原子

　　灵魂概念几乎在所有文明早期都开始出现，在古希腊文明中灵魂的出现和使用更早于哲学。在古希腊哲学中，灵魂是一个非常重要的概念。灵魂（psyche）一词在很早时候就已经为古希腊哲学家所使用。在古希腊哲学中，灵魂概念具有双重内涵，它既指生命主体，同时又是认识主体。它最初的意思指的是生命的气息，是生物维持生命所依赖的气。当生命存在的时候需要呼吸气息来维持其生存，而当生命终结的时候，气息则远离生命体，并且由于离开了生命气息也就失去了基本的热度，最终落入阴冷黑暗之所。早在米利都学派那里，阿那克西米尼就赋予了"气"本原以精神的意义。阿那克西米尼所说的"气"既指自然物质的气,同时也指生命和灵魂的嘘气。

后来的毕达哥拉斯学派使灵魂的观念脱颖而出,他们主张所谓的灵魂不朽和轮回转世的学说,认为灵魂对肉体具有相对的独立性。据说毕达哥拉斯有一次行走在路上,看到有人在打一条狗,他上前试图去阻止人们去打这条狗,因为他从这条狗的叫声中听到了他的一位逝去朋友的声音。这里所说的灵魂主要是指生命主体。真正将精神性的存在独立出来的是阿那克萨戈拉,他将灵魂、理智、心灵和努斯相联通,认为人的灵魂是真正具有精神性的独立存在,赋予了种子相互之间结合和分离的根本动力。在阿那克萨戈拉那里,心灵是独立的、自为的和能动的,它从外部推动着宇宙世界,使种子从宇宙最初的混沌状态中分离出来并组合成各种事物,但它本身却与这个宇宙世界相分离。直到德谟克利特,才在原子论哲学的基础上,第一次将灵魂作为生命主体和认知主体的双重内涵真正统一起来。

从原子论哲学的观点来看,身体和灵魂的本原是同一的,都是原子,只不过构成灵魂的原子要更加精细和圆润。德谟克利特曾明确指出:太阳和月亮是由光滑、圆形的原子聚合成的,灵魂也是这样,灵魂就是努斯。亚里士多德在《论灵魂》中也说,德谟克利特认为,凡是由其自然本性产生运动的东西必然是最基本的。这个东西在他看来非火莫属,火是诸种元素中最精致的，也是最不具有固定形态的，火既被推动着同时又可以产生一切别的事物的运动，德谟克利特也同时把火所具有的这两种特性都归于灵魂。而在原子所具有的所有形状中，圆形是最完满的，而这正是构成火和灵魂的原子所应该具有的最理想形状。由此可见，灵魂如同火和努斯一样，都是由那些最为精细、最为精致、最为圆润的原子所构成的。

德谟克利特认为，灵魂原子到处都存在。"一切事物都分有灵魂"，甚至"在石头中也有一种灵魂"。德谟克利特在这里所强调的是，灵魂的原子非常精细，具有很强的能动性，可以在任何细小的空间和孔道中存在。作为一个原子论哲学家和自然哲学家，德谟克利特坚持认为，灵魂的原子必须和肉体相结合，才能构成一个真正意义上的有生命的存在。人就是由身体原子和灵魂原子共同组合而成的。身体原子和灵魂原子一个对应一个地彼此重叠、互相交错地构成了我们的肢体和组织。在身体中，灵魂的原子形状较小，数目也较少，稀松地散布于全身。但恰恰就是这种细小而能动的原子给予我们的身体以生命活力，是我们身体能够运动的原因所在。德谟克利特使用了喜剧家腓力普斯的一种形象说法，腓力普斯曾说，代达罗斯给他的木雕阿佛洛狄忒（古希腊掌管着爱和美的女神）像里注入水银，使她能活动。德谟克利特把这种说法套用过来：构成灵魂的圆形的原子，由于它们处于无休止的运动中，促使整个身体随它们而运动起来。

　　一方面，灵魂就是生命，灵魂通过呼吸赋予一个生命体以生命的活力，使之成为一个真正的生命体。德谟克利特认为，灵魂和火元素是同一的，都是在圆形粒子中的基本形式。当它们被周围的空气挤压在一起并被排出时，呼吸就来帮助它们。因为在空气中有许多这样的被他称为努斯和灵魂的粒子。所以，当我们吸进空气时，它们也一起进入，而且由于它们的活动抵消了这种压力，这样就防止了动物体内的灵魂被驱逐出去。也就是说，这种灵魂和努斯的原子不仅在人和动物体内存在，而且也在周围空气中存在，只能通过不断的呼吸，使被挤压出去的灵魂原子得到补充，生命主体才能够继续活下去。一旦周围空气的压力占了上风，动物不再能呼吸，外面的空气不再能进入以抵抗这种压力时，死亡就发生了。死亡本质上是由于周围空气的压力致使灵魂原子从体内溢出去了。也就是说，一旦呼吸断绝，身体内的灵魂原子被挤压出而得不到补充，生命主体就会死亡。因此，由原子组成的灵魂会随着肉体的解体而死亡。但反过来说，死亡充其量也只不过是灵魂原子同身体相分离，因此人们不应该惧怕死亡。从原子的聚散分离角度上讲，生命和死亡之间没有截然分开的绝对界限。德谟克利特认为，人死后，身体的大部分灵魂原子虽已溢出，但仍保留了一些热和感受性，因此，死后的身体仍然还会保有感觉。总之，灵魂和身体统一于原子，灵魂的存在也是生命主体具有生命活力的重要标志。

影像说

德谟克利特有关灵魂的学说最大的理论贡献还在于，他把灵魂同样视作认知活动的主体，灵魂不仅具有生命的活力，而且也同时具备完整的认知能力。灵魂有两个部分，理性（努斯）位于心，非理性部分弥散于全身。从认知的角度看，灵魂具有感觉和理智这两种功能。德谟克利特认为，遍布全身的灵魂原子具有感觉的功能，而灵魂中有一个特殊部分即努斯，也就是我们通常所说的心灵、理智，是思想的器官。

根据构成认识对象与认知主体的原子相互间的交互作用，德谟克利特发展了恩培多克勒的流射说，提出了更为精致的影像说。他认为，我们的一切认识都来源于外界事物对身体的作用和刺激，特别是对我们的感觉器官的刺激。德谟克利特主张，各种感觉都产生于外部对象同感觉器官的接触。具体来说，每一个物体都会发出一种与自身形状相似的影像，这种影像通过空气的作用而在我们的视觉器官眼睛里压下印记，从而形成感觉和思想。

德谟克利特区分了两种不同的知觉，一种是感性知觉，一种是理性知觉，它们都是物理过程。当我们的眼睛看到某个东西时，它其实是由物体所造成的影像，构成物体的原子发出流射，从而形成影像。这些事物的原子影像进入人的眼睛和其他感觉器官，对同样也是由原子所构成的灵魂产生影像。

在所有的感觉中，首当其冲的就是视觉。在德谟克利特看来，视觉就是一种"影像"（eidolon，image），作为视觉器官的眼睛和外部对象都发出原子流射，相互作用才产生了视觉影像。具体过程是：视觉影像并不直接在瞳孔中产生，而是在眼睛和对象之间的空气由于眼睛和对象的作用而被压紧了，就在上面印下了一个印记（因为任何事物总会经常产生出一种流射），然后，这空气由此取得了坚固的形状和不同的颜色，就在湿润的眼睛（因为很紧密的东西是不能接受东西的，而湿润的东西才有可能被穿透）中造成了影像。这就要求构成人的眼睛的物质要很柔软，使眼睛里面的脉络很直、很空、很湿润，以便脑子和脑膜能很顺当地接收到这些影像。因此，我们通常所说的"看"，其实是指从被看的东西接收影像，影像是表现在瞳孔里的形状，就像别的能保留影像的明亮物体中所发生的那样。从事物流射出来的一定的影像同流射影像的事物（视觉对象）是相似的。这种影像进入注视者眼内，视觉就这样产生。不仅是视觉，其他各种感觉也是双向原子流射及其相互作用所产生的影像。比如，声音就是密集的空气流动中大量原子进入耳朵的孔道，以很强的力量扩散到全身，形成听觉影像。

味觉和触觉是各种不同形状的原子刺激舌头和身体所形成的影像。德谟克利特将各种感觉器官所得到的作用和刺激，都称作"影像"，它们构成了全部认识的来源。

不同于恩培多克勒的那种简单流射说的是，德谟克利特的影像说注重强调认知活动过程中，外部对象和认知主体之间的双向作用和互动，除了详细分析外部对象如何对感官发生作用刺激外，也同样重视研究认识活动中来自认知主体方面的作用和影像因素。德谟克利特一方面强调影像是主体感官和客观物体的原子流射互相作用的结果，同时也强调主体感官对于客体的原子作用的反应。其实，德谟克利特所说的影像都是认知主体和外部对象相互作用的结果，它必然会随着身体和感官状况的变化而发生变化，具有很强的相对性。

德谟克利特认为，像颜色、冷热、甜苦这类感觉，是在主客体相互作用中才表现出来的性质，并不是客观物体本身的直接反映，它们会因主观条件和状况的变化而发生变化，具有某种相对性。所以，在德谟克利特看来，甜是约定俗成的，苦是约定俗成的，热是约定俗成的，冷是约定俗成的，颜色也是约定俗成的，除了原子和虚空，实际上我们认识不到确实的东西，所能认识的只是依照身体的结构而变化的东西，以及那些进入身体和印在感官上面的东西。一方面，客观物体是原子和虚空组成的，原子本身又有各种不同形状大小，这是物体本身固有的性质。而另一方面，像冷热、颜色、味道等感觉性质则是由原子的形状大小派生出来的，并且会因主体条件不同而有相对性，这些可以说是原子的形状所派生出来的第二性质。德谟克利特认为例如色、香、味等感觉性质并不是主体感官任意产生出来的，归根结底它们都是由物体中原子的形状大小所决定，是它们作用于感官所造成的派生性质。比如，颜色的感觉取决于对象表面原子的形状、位置以及它们的相距空间，其中白、黑、红、绿是四种基本颜色，其他颜色则是它们的混合产物。例如，光滑原子造成白色，这些原子周围有比较多的空隙，比较稀松，不会产生阴影，容易渗透，从而造成明亮且透明的色感；而粗糙、多角的原子会投下阴影，不易穿透，便造成黑色；较大的球形原子则造成红色。所以，这类感觉性质无非是一定形状大小的原子作用于感官，在正常条件下向我们的感官呈现出来的某种派生性质。产生这类感觉既依赖于客观物体中原子的形状大小，也依赖于身体感官的生理状况。这种说法有些像近代物理学所揭示的不同光的波长会造成不同颜色。

感觉所具有的这种相对性也直接导致了德谟克利特明确区别感性认识和理性认识，进而明确区别了"暗昧的认识"和"真理性的认识"。前者是指我们通过感觉所获得的知识，它属于视觉、听觉、嗅觉、味觉和触觉；后者指的是我们通过理性所获得的知识。在德谟克利特看来，通过感觉所获得的知识是暗昧的，因为它只停留于外部事物作用于我们的感官所形成的那些模糊的影像，并且受认知主体在认识活动中所处的具体状况和条件的影响，只能形成某种具有相对性的感觉经验。而理智则能认识构成事物的真正本质——原子和虚空，它们不可能通过任何的感觉经验来加以把握。德谟克利特在《规范》中明确说有两类知识，一种是感觉的知识，另一种是理性的知识。靠理性得到的知识才是真正的知识，真理的判断是可信赖的，而感官的知识是虚假的，是靠不住的，在辨别什么是真理时不可避免地会产生错误。真理性的知识仅仅依赖于对象，而暗昧的知识则更多受到个人特定身体条件和身体状况的影响。例如，两个不同的人都同意他们所吃的是苹果，这就是真理性的知识，而他们极有可能对苹果的味道意见不一致，一个人觉得这个苹果很甜，另外一个人却觉得这个苹果一点儿都不甜，这就是暗昧的知识。应该说，德谟克利特所作出的"暗昧的认识"和"真理性的认识"的区分进一步延续了早期爱利亚学派的巴门尼德所指出的"真理"与"意见"截然二分的对立。

其实，影像说并不是一种经验主义的感觉论，尽管从一开始德谟克利特似乎就一直在强调感觉经验的刺激和感官印象的重要性，但影像说最终还是落脚在对理性认识真理性的强调上。在德谟克利特看来，感觉经验固然重要，但它自身的缺陷也显而易见。首先，它本身具有很强的相对性，这种相对性带来了感觉经验极大的不稳定性和变化性；其次，作为世界和宇宙本原的原子和虚空从根本上来说都不能通过我们的感觉经验被感知到，而它们才是世界的真正本原，才是真正的客观实在，也是我们认识所要把握的终极目标和最终对象。实际上，直到晚期希腊化时代的另一位原子论哲学家伊壁鸠鲁那里，才出现了古希腊哲学史上的第一位真正的感觉经验主义者。伊壁鸠鲁明确主张感官是"真理的报导者"，主张我们"永远要以感觉以及感触为根据"，感觉才是理性的真正准则。据说，德谟克利特在晚年刺瞎了自己的双眼，试图不再受到感觉经验这种"暗昧的知识"的欺骗，尽管自残的做法本身并不可取，但至少表明了某种决心和态度。

第 6 章

社会、伦理与道德

    德谟克利特生活的时代正是智者派在希腊社会引领风骚的时代，哲学的重心已经开始逐渐由早期自然哲学关于自然世界的考察转向了对社会生活和道德伦理方面的考察，尽管其最终的实现还要等到晚期希腊化时期。当时希腊城邦社会中的各种社会矛盾日益显露，德谟克利特注重观察和研究各种社会问题，并提出自己较成熟的社会伦理与道德思想，意图化解和调和这些社会矛盾，从而维系希腊民主制城邦社会。在后人编纂的德谟克利特著作目录中出现大量关于社会起源、道德伦理、逻辑学、修辞学和文学艺术等方面的著作，可惜都没有能够最终流传下来。留存至今的德谟克利特著作残篇总共只有 200 多条，大多是一些格言或箴言式的表述，就是我们今天所看到的这些著作残篇，集中反映了德谟克利特有关社会进化和道德伦理的思想。

德谟克利特对社会生活的研究以及政治伦理方面的思想，究竟与其原子论哲学具有什么样的关联性呢？德谟克利特曾经说过这样一句话，人是一个小宇宙。在德谟克利特看来，大宇宙就是由原子所构成的物理世界，而作为小宇宙的人本身也是由原子构成的物理世界的一个部分。而且，德谟克利特的伦理学与他的灵魂学说也是紧密相连的。

文明的历史演进

关于人类及人类社会文明的起源，最初的解释就是在古希腊神话中所讲述的观点。古希腊神话认为大地起初一片混沌，从大地之母该亚分离出一系列最初的神，她与乌兰诺斯的结合产生出了泰坦神族的诸神，泰坦神族的主神克洛诺斯后来取代了乌兰诺斯的统治地位。而克洛诺斯也未能摆脱这一命运，他与瑞亚的结合产生了奥林匹斯神族的诸神，最终奥林匹斯神族的主神宙斯取代了其父亲克洛诺斯的统治地位。神族的更替也带来了人类社会的一系列变化和演进，神与人的结合就产生了古希腊传说中的那些英雄，如特洛伊战争中的英雄阿喀琉斯。希腊神话认为社会起源和人世生活中的一切方面都受神的支配和控制。

直到公元前 5 世纪中叶，一些希腊思想家如希波克拉底、普罗塔哥拉，悲剧作家如埃斯库罗斯、欧里庇德斯以及历史学家希罗多德等人，才开始注重从人类自身去探索人类社会和人类文明的起源问题。在他们看来，远古时代的人类生活在异常艰难困苦的环境之下，他们饥寒交迫，食不果腹，茹毛饮血，凿穴而居，没有衣服、房屋、农业、家畜及生产技艺，甚至起初的远古人类还不懂得如何取火和使用火，不少人沦为飞禽走兽的食物和各种疾病的牺牲品，远古时期的人类寿命也都异常短暂。后来，为了生存的需要，他们便集结起来，群居生活，相互帮助，互相协作，才逐渐开始过着一种比较稳定的社会生活，从最初的氏族、部落发展到部落联盟，再到文明的城邦社会，生产技艺、各种社会文化和社会文明逐渐开始建立和发展起来。在这些希腊思想家看来，是人而非神逐步建立起人类社会和人类文明，并一步一步地推动着它们往前发展。

德谟克利特本人也同样主张这种朴素的社会进化观，他否定神创造了人类社会，否认神主宰和支配着人类社会生活，认为人是自然的产物，人自己逐渐创造出了社会文明。在他看来，远古人类像动物那样过着衣食匮乏的群居生活，是双手和智慧引导他们逐渐从蒙昧走向文明。任何技艺和文化都不是神赐予的，而是人类经验和智慧的结晶。在与生产和生活息息相关的许多重要的事情上，人类是动物的学生：向蜘蛛学会纺织和缝纫，向燕子学会造房子，向天鹅和夜莺等鸣鸟学会唱歌，人类都是从模仿它们、学习它们开始的。人类起初仅仅是模仿这些动物的行为来解决自己最基本的温饱问题，文化艺术是随着人类物质生活条件的逐步改善而发展起来的，比如文学、音乐、诗歌、绘画，都是相当年轻的艺术，是人类逐渐满足自身物质生活所需，生活日渐富足之后的产物。

在人类文明和人类社会发展过程中，语言的形成也起到了至关重要的作用。语言的起源与进化，也是当时热烈讨论的主题。当时流行着两种对立的观点：一种观点认为语词和它们所代表的事物有某种天然的关系，苏格拉底后来发挥了这种见解，认为语词来自神；另一种观点认为，语词是人们约定俗成而形成的，是由于人类在实际生产生活中沟通交流的现实需要而产生出来的，同时，语词与它们所表示的事物之间的相互对应是人们在实际沟通交流过程中约定俗成而得来的。一般认为，远古时代的人类起初只发出一些没有意义的紊乱的声音，然后逐渐变成清晰的语词。他们约定这些声音分别表示各种对象，于是创造了就每一事物交流思想的认知模式。在群居生活中，语言相近和相似的人群聚集在一起。因此，不同的人群并没有共同的语言，因为每个人群都凭机缘构成自己的语词、概念、表达习惯和言说方式，这就是世界上各地的语言如此不同的原因所在。

德谟克利特赞成语言是从约定俗成而进化得来的观点，他从四个方面进行过分析论证：（1）不同的事物、不同的对象人们有时会用同一个名词来称呼；（2）不同的名词有时也可以被人们用来称呼同一事物或同一对象；（3）关于某件事物或某个人的名词有时可以随意发生变动；（4）两个平行的观念，一个可以用适当的语词来表达，另一个却没有合适的语词进行表述，比如动词"思想"有相应的名词"思想"，而名词"正义"却没有相应的动词。综合以上四点来看，德谟克利特认为作为人类沟通交流和文明进步重要工具的语言，它既不是神所赐予的，也不是天然形成的，而是借由人类社会约定俗成而逐步建立和发展起来的。

在德谟克利特的著作目录中，有一系列论述文学和音乐的著作，包括论歌咏的技巧、论节奏与和谐、论诗、论荷马、论正确的词和非常用词、论辞藻的美、论字的和谐和不和谐，等等。可惜这些著作绝大部分已佚失，留给我们的只剩残篇里面的只言片语。比如德谟克利特认为，一位以一种富有灵感的激情来写作的诗人是最美妙的；荷马能够创造一个韵诗的宇宙，因为他怀有一种神圣的激情。

社会公平与正义

除了考察人类社会的起源和发展，德谟克利特也同样非常关注社会政治。虽然德谟克利特本人并不是政治活动家，贯其一生他都不愿意放弃自己的学术著述活动和游历世界，对财富、政治和地位都保持一种鄙视的态度，但他鼓励人们主动去接受政治方面的教育，积极参与城邦的公共事务和社会生活，而且认为这一点是非常重要的，另外他的社会伦理思想中包含有部分政治伦理思想。从政治制度上讲，德谟克利特反对专制而提倡民主，坚定拥护奴隶民主制，认为奴隶民主制是最好的政治制度。在其仅存的著作残篇中，就有这样一句明确的表述："在民主制度下贫穷也比在专制制度下享受所谓的幸福好，正像自由比受奴役好。"

德谟克利特的一生经历了古希腊奴隶民主制从鼎盛时期逐渐走向衰落。青年时代的德谟克利特正值伯里克利领导下的雅典民主制兴盛时期，雅典民主制拥有坚实的社会基础，战胜了贵族寡头，创造了雅典的繁荣与文明。但到了德谟克利特的鼎盛时期，特别是伯罗奔尼撒战争爆发后，由于古希腊城邦社会内在矛盾激化，奴隶民主制的社会基础渐趋瓦解，贫富分化日趋严重，财富越来越集中于少数人手中，大批自由民越来越贫穷，公民大会日渐沦为少数政客钻营私利、投机篡权的手段工具。随着后来雅典同盟在战争中惨败给斯巴达同盟，奴隶民主制连同雅典城邦一起逐渐走向衰落。

在雅典民主制的黄金时代，著名的政治家伯里克利曾发表过一篇著名的在阵亡将士葬礼上的公开演说，满怀豪情地讴歌雅典民主制所造就的模范政治、公正律法、华丽城邦、强大军事、充裕财富、真挚友谊和英雄气概，这篇讲演也是雅典民主制的巅峰之作。然而，这个黄金时代如今已是明日黄花，再也一去不复返了。德谟克利特已经敏锐地觉察出古希腊奴隶民主制的内在矛盾与种种问题，主张通过调整社会伦理与个人道德来改良社会体制，防止社会危机。

德谟克利特深刻地认识到，贫富两极分化和贫富不均是造成社会动荡以及滋生社会矛盾的重要原因。对于一个社会来说，赤贫和豪富动辄变换位置，是造成灵魂巨大困扰的原因。在道德残篇中，他多次反对财产兼并和贫富不均。他指责有些人为自己的孩子聚敛太多的财富只是一种借口，用以掩饰自己的贪欲。他斥责守财奴们贪得无厌，最终只会使自己沦落到一无所有，竹篮打水一场空，就像《伊索寓言》中那只贪婪的狗那样。（《伊索寓言》中曾有这样一则寓言，一只狗衔着一块肉渡河时，看见水里自己的影子，以为是另一只狗衔着一块更大的肉，想去抢它，便将自己衔的那块肉放下，冲了过去，结果自己衔的肉也丢掉了）。这种贪婪地聚敛财富就是不公正的恶。而侵占和掠夺别人的私有财产是最坏的占有，对整个社会的公平与正义危害极大，是社会的毒瘤，这种作恶最终只会招致更严重的恶果。他试图激发富人的恻隐之心与道德同情心，要富人们多想想生活贫困的人的痛苦，有所收敛而避免陷于贪得无厌。他甚至梦想着，如果有钱人能够借钱给穷人，给他们帮助，给他们让渡出自己的部分利益，结果就会有公民间的同情、友爱、互助、和谐，以及许多别的人们能够数得出来的好处。德谟克利特希望通过调整社会伦理价值与激发道德情感来克服贫富悬殊、两极分化，使希腊民主制能够稳定下来。

德谟克利特认为，要改良社会体制，实现社会公平，维护民主政制，必须限制财富的积聚和兼并，克服因贫富过于悬殊所造成的种种不幸和危机。他认为在一切事物中，均等和适度是最好的，过分和不足其实都不好。这表明他早于后来的亚里士多德提出过"中庸之道"的伦理原则，后来的亚里士多德也极力主张要克服财富不均和财富悬殊的社会现象，充分表明这正是当时希腊民主制社会所出现的最为严峻的现实问题。与亚里士多德一样，德谟克利特主张在自由民中扩大中产阶级，一个理想的城邦社会应该由那些既不十分富有，也不十分贫穷的中产阶级当政。这些人由于财产适度，所以最容易遵循合理的原则，从而在贫富两个敌对阶层中有效发挥中间者的角色和作用，保证国家和社会繁荣稳定。

对于希腊民主制社会出现的法制败坏、官员腐败现象，以及由此造成的政治动乱和社会动荡，德谟克利特也同样忧心忡忡。他主张通过改良社会体制，加强社会监督，在正义、公正的社会伦理基础上来解决这些重大社会问题。他强烈抨击现行的希腊民主体制不能有效预防官员腐败现象的发生。认为在现行的宪章制度下，没有方法可以防止官吏做坏事，即使他们本来是好的。德谟克利特主张从道德伦理上改良社会体制。他大声疾呼：应该将国家和城邦的事务摆在最重要的位置上，要好好管理；人们不应该为反对公道的事而争执不休，也不应该获得违反公共利益的权力。一个真正长治久安的国家是最大的庇护所，可以包容一切；它安全了，一切就都安全，它毁灭了，一切也都毁灭。他呼吁社会公民都要秉持公道，以国家公共利益的大局为重。关于如何来改良社会体制，德谟克利特提出两条原则：（1）健全法制，制定对人民有利的好的律法。法律意在使人民生活有利，它应该而且也必须要做到这一点。（2）通过明确的惩恶扬善的奖惩机制，从社会道德伦理上引导人们趋向公平和正义。

节制与快乐

在个人道德价值观方面，德谟克利特强调要适当节制自己的本能和欲望，在理智的指导下过一种有节制的生活，努力保持内在心灵的平静和精神的安宁，追求真理和智慧。德谟克利特的道德伦理思想的核心目标，就是要达到心灵的平静和精神的安宁，追寻快乐。理智的、完善的灵魂以心灵的平静和精神的安宁为最大幸福。灵魂的完善可以弥补肉体的劣势，而强壮的身体如果缺乏理智，是不能改善灵魂的。对人来说，最好的方式是使他的生活尽可能地快乐，尽可能地减少痛苦。而这种快乐，如果是在那些终究要毁灭的外在事物和过眼烟云般的名利场中去寻求，幸福是不可能达到的。德谟克利特倡导顺应自然，遵循必然性，通过在一切事务上节制有度和提升自己的文化教养来获得幸福。只有通过有节制的享受和生活上的宁静和谐，人们才能得到快乐。因此，他告诫人们不要贪婪，应该常去想想比自己更不幸的人。只有这种心灵和精神上的宁静和谐，才能将人引向真正的正义和良善。

德谟克利特主张节制过度的和不合理的欲望。对于一切沉溺于口腹之乐并在吃、喝、情欲方面过度而不讲节制的人来说，他们所获得的感官快乐都是短暂的，微不足道的，只有在他们吃喝的时候才有，而随之而来的痛苦却更多，因为欲望之壑总是难以真正填平。他强烈反对放纵情欲，认为在人们的内心中的情欲就是各种疾病的仓库，会带来许多后续的巨大痛苦。相反，在灵魂中的理性习惯于从自身获得幸福。他主张理性高于情欲，运用理性节制情欲，幸福源自理性，这和后来柏拉图和亚里士多德的道德伦理思想是一致的。同时，他也强调要节制对财富和金钱无休止的贪婪欲望。人们对财产的欲望如果没有满足的限度，要比极端的贫穷来得更为痛苦，因为贪婪的情绪越强烈，产生的欲望需要也就越大。不仅那些富人要节制自己对财富和金钱的欲望，一般人也要节制自己对财富无止境的渴求。如果你自身的欲望不大，很少的一点获得对你个人来说就显得足够了；因为欲望少就使贫穷和富有相等。一句话，就是我们所有人都要做到"知足常乐"，这样才有可能达到心灵的平静和精神的安宁。

德谟克利特主张一种理性主义的道德伦理。他强调只有探索和追求真正的真理和智慧才是最高尚的道德修养，认为坚定不移的智慧是最宝贵的，胜过其余一切。而且智慧也是友谊的前提和基础，一个有智慧的朋友，要远胜过所有狐朋狗友。他推崇理智，坚持原子论，反对任何宗教迷信。在他看来，有些人对死亡本身毫无所知，在生活中总是为烦恼和恐惧所困扰，便会自己虚构出死后的神话。然而，如果所有人都懂得人的死亡不过就是原子的分离，便不再会惧怕死亡，也不必虚构和憧憬来世生活。从德谟克利特漫长的一生来看，他对自己所主张的这一整套道德伦理学说可谓身体力行、言行一致、知行合一。从这点来说，他堪称古希腊哲学史上一位真正具有伟大人格和高尚修养的哲学家。

结　语

　　阿布德拉人德谟克利特一生都在不断游历、漂泊中度过，当他 80 岁高龄远游归来，回到故乡的时候，曾经由于耗尽自己所继承的那份祖产而为阿布德拉人所不齿和不容。当他当着所有阿布德拉人的面宣读他所撰写的《宇宙大系统》的时候，故乡的人们才真正了解这位游子究竟为自己的故乡带回来了多么大的贡献和荣耀。公元前 370 年，100 岁高寿的德谟克利特离开了人世，在故乡阿布德拉，人们不仅尊重他，为他举行了盛大的葬礼，而且还为这位从阿布德拉走出来的伟大哲学家竖立了一尊铜像，以供后人瞻仰。落叶归根也许是德谟克利特与我们所有人共同追求的归宿，但是"古希腊最博学的百科全书式的学者"的光荣称号却只属于德谟克利特本人，也是他留给我们后人的一份宝贵思想遗产。

留基波和德谟克利特所创立的原子论哲学，其重大思想价值和理论贡献就在于，集早期希腊自然哲学和科学思想之大成，系统化和体系化地建立起了古希腊哲学史乃至西方哲学史上第一个较为完备的唯物论哲学体系和科学的物质结构假说。原子论哲学对希腊自然哲学与科学思想的演进，对西方哲学和科学的历史发展，都有着极其深远的影响。亚里士多德赞扬说："在我们的先驱者中，除了德谟克利特是唯一例外，可以说，没有一个人曾经深入事物的表面或透彻地考察过这些问题，只有德谟克利特，看来不仅细致地思考所有这些问题，而且从开始起就以他的方法表现卓越。"虽然亚里士多德主张目的论，批评原子论哲学的机械论思想，但他也认为原子论哲学探讨自然现象最为详细，在自己的著作中也非常多地引用和论述了德谟克利特的思想。可以说，正是原子论哲学启发和影响了亚里士多德建立自己的自然哲学，古希腊哲学史家策勒就曾直言不讳地认为德谟克利特是亚里士多德的"直接先驱"。

除此之外，近代德国新康德主义者、著名哲学史家文德尔班也同样认为，在古希腊哲学的启蒙时期，从具体知识发展到形而上学，最终形成综合性体系，这方面的成就主要应归功于三位追求真理和智慧的伟大人物，他们造就了古代思想中最有价值的发展，他们就是德谟克利特、柏拉图和亚里士多德。在文德尔班看来，这三位思想家的思想都具有体系化的特点，都建立了自身完整的无所不包的用以说明世界的科学体系，都提炼、深化和塑造了典型的三种风格迥异的世界观，形成古希腊哲学史上三足鼎立的思想局面。当代著名的希腊哲学史专家基尔克和拉文认为：原子论在很多方面是在柏拉图以前希腊哲学所达到的最高峰，它解开了爱利亚学派辩驳的死结，从而完成了伊奥尼亚唯物论一元论的最后目的。它不仅得益于巴门尼德和麦里梭，也得益于恩培多克勒和阿那克萨戈拉的多元论体系，可是，它又不是像阿波洛尼亚的第欧根尼那样的折中哲学。它在本质上是一种崭新的概念，被德谟克利特广泛而熟练运用。即便是在柏拉图和亚里士多德之后，它还通过伊壁鸠鲁和卢克莱修，一直在希腊思想中占据重要地位，它最终还刺激了现代原子学说的发展。

从德谟克利特哲学在古希腊哲学史的后续思想传承来看，它的发展并不如人们所料想的顺利。公元前 4 世纪，德谟克利特的亲传弟子开俄斯岛的涅索斯（Nessus of Chios）主要关注社会文化问题，曾研究过《荷马史诗》的韵律及词源学问题。他的另一个弟子开俄斯岛的梅特罗多洛（Metrodorus of Chios）撰写了《论自然》，阐发他的老师有关原子和虚空以及宇宙演化的学说。但是，他强调人只能感知变易无常的现象，否定知识的可能性，有怀疑论倾向。到梅特罗多洛的学生阿布德拉的阿那克萨库（Anaxarchus of Abder）那里，怀疑论色彩更趋浓厚。

阿那克萨库曾是马其顿国王亚历山大的顾问，较多地关注社会伦理研究。而他的学生皮浪就是希腊化时期怀疑主义哲学的创立人。文德尔班在《古代哲学史》中证实了这一点。他说："德谟克利特死后，在阿布德拉的学派很快就消失了。在丧失了领袖之后，这个学派在事业的继承方面几乎没有什么值得一提的东西。不过，它的哲学倾向变得越来越接近诡辩派，由此导向了怀疑主义。开俄斯的梅特罗多洛和阿布德拉的阿那克萨库是有名的人物，他们曾陪同亚历山大东征亚细亚。由于皮浪的影响，阿布德拉学派的哲学变成了怀疑主义，而皮浪的同时代人瑙西芬尼则把这种怀疑主义跟伊壁鸠鲁主义结合在一起。"

只有晚期希腊化时代的伊壁鸠鲁和卢克莱修真正继承与发展了德谟克利特的原子论哲学。卢克莱修的著作《物性论》系统阐发并为后世保存了丰富的原子论学说。在晚期希腊和罗马哲学中，伊壁鸠鲁和卢克莱修是阐扬、发展德谟克利特的原子论哲学的重要思想代表。到中世纪后期，随着西欧一些学者发掘和翻译介绍古代希腊文化典籍，德谟克利特的原子论哲学得以重新崭露头角，成为当时的一些思想家反对经院主义哲学的思想武器。12 世纪的英国人阿迪拉特（Adelard of Bath）、威廉（William of Canches）以及法国人雨果·考恩特（Hugo Count of Blenkenburg）等学者，翻译介绍了古希腊的原子论学说。两个世纪以后，尼古拉（Nicolaus of Antrecourt）完全接受德谟克利特的学说，主张物质的终极元素是原子，全部自然现象都是永恒原子的结合和分离，反对神学目的论的宇宙观。

在文艺复兴时期，原子论哲学逐渐复苏，成为一股冲击以亚里士多德主义为思想基础的经院哲学的思潮。布鲁诺从德谟克利特的原子论学说中吸取思想营养。在法国，16 世纪末的法官博廷（Jean Bodin）和希尔（Nicolaus Hill）都撰写过论述原子论思想的专著，以反对空洞烦琐的经院哲学。17 世纪的生理学家巴索（Sebastian Basso）在《自然哲学》一书中阐述了原子论，用"以太"修正"虚空"。1646 年，法国学者马格奈努（Jeannes Chrysostomus Magnenus）又发表了《民主派哲学家德谟克利特复活了》，称颂德谟克利特是"力图理解连续物质构造中最卓杰的人"。伟大的意大利科学家伽利略从物理学角度重新论述原子论，他在科学观察和实验中接受了德谟克利特的学说，并且开始将古代原子论引上物理科学的轨道。

在近代西方哲学中，原子论成为机械唯物论的重要理论基石。霍布斯把伽利略的动力学说和原子学说相结合，发展出一种机械唯物论的哲学，并且提出了激进的无神论思想。笛卡儿虽然否认虚空，主张物质可以无限分割，但他修正了原子论，形成广延、质量、动量等范畴，用物质粒子的机械运动解释种种自然现象。同样来自法国的伽桑狄阐发了古代原子论的科学精神，大力批判经院哲学和当时的"形而上学"。不久，伊萨克·牛顿实现了物理学上的伟大综合。在他看来，存在于绝对时间与绝对空间中的宇宙体系，是由坚实不可分割的物质原子按照严格的力学规律构成的，他的严谨论述使得原子论获得更强有力的科学支持，也增强了它的哲学影响。英国科学史家丹皮尔认为牛顿"像古代德谟克利特一样，他真可算是人类中的杰出的天才"。

伯特兰·罗素认为：原子论者的理论要比古代所曾提出过的任何其他理论，都更接近于近代科学的理论。这一点是完全有道理的。原子论对近代科学的物质结构学说和基础自然科学理论的发展有着显著影响。伽利略、笛卡儿和牛顿已经在物理学上为物质的原子结构做了定性工作，牛顿甚至指出光的结构基本上是原子的，提出了光的微粒说。17 世纪的波义耳采纳原子论，抛弃了"四元素"的陈旧概念，提出了新的"化学元素"概念。这一思想被 18 世纪法国的拉瓦锡所接受和发展，奠定了近代实验化学的基础。19 世纪的道尔顿终于以精确的定量分析，建立了系统的关于物质结构的原子说。门捷列夫的化学元素周期表又按照原子量的顺序，科学地揭示了原子所构成的元素家族的谱系。德谟克利特的原子论假说经过了 2300 多年的漫长历史岁月，终于发展成为一种真正的科学理论，充分显示了它的科学价值。

现代物理学的发展，从卢瑟福提出原子结构模型，到高能加速器击碎了"坚实、不可分割"的原子，人类正在不断深入地揭示原子内部的结构和秘密，不断推进着人类有关微观物质世界的认知。今天的我们知道，原子并不是物质结构的最基本的粒子。现代物理学对物质结构深层次的认识，对宏观宇宙的认识，远远超过了古代和近代的原子论。但是，德谟克利特所涉及的一些自然哲学意义上的重要问题，至今仍有科学家在持续深入地探讨。例如，早期希腊哲学争论的有关自然本原、物质结构和宇宙论的一些问题，有关宇宙结构和时间、空间究竟是有限还是无限的问题，有关物质微粒可否进行无限分割的问题等，当代物理学家在量子物理学与天体物理学领域内仍在讨论。正如当代英国著名科学哲学家波普尔所说的那样，爱利亚学派和德谟克利特的基本问题，至今仍然是自然哲学的基本问题。从这个意义上讲，正是原子论哲学大大拓展了自然科学前进的道路。

德谟克利特曾写过大量的著作，其范围之广，涉足领域之多，只有后来的柏拉图和亚里士多德可以与之相媲美。正是这三个人在西方哲学史上创立了最早的三个庞大而又完全不同的哲学体系。从某种意义上说，德谟克利特的思想既标志着前一阶段，即以自然哲学为重心的早期希腊哲学的终结，又标志着后一阶段，即希腊哲学系统化的繁荣时期的开始。

附　录

德谟克利特著作残篇

著作残篇（一）

（1）卑劣地、愚蠢地、放纵地、邪恶地活着，与其说是活得不好，不如说是慢性死亡。（D160）

（2）追求对灵魂好的东西，是追求神圣的东西；追求对肉体好的东西，是追求凡俗的东西。（D37）

（3）应该做好人，或者向好人学习。（D39）

（4）使人幸福的并不是体力和金钱，而是正直和公允。（D40）

（5）在患难时忠于义务，是伟大的。（D42）

（6）害人的人比受害的人更不幸。（D45）

（7）作了可耻的事而能追悔，就挽救了生命。（D43）

（8）不学习是得不到任何技艺、任何学问的。（D59）

（9）蠢人活着却尝不到人生的愉快。（D200）

（10）蠢人是一辈子都不能使任何人满意的。（D204）

（11）医学治好身体的毛病，哲学解除灵魂的烦恼。（D31）

（12）智慧生出三种果实：善于思想，善于说话，善于行动。（D2）

（13）人们在祈祷中恳求神赐给他们健康，不知道自己正是健康的主宰。他们的无节制戕害着健康；他们放纵情欲，自己背叛了自己的健康。（D234）

（14）人们通过享乐的节制和生活的协调，才得到灵魂的安宁。缺乏和过度惯于变换位置，引起灵魂的大骚动。摇摆于这两个极端之间的灵魂是既不稳定又不安宁的。因此应当把心思放在能够办到的事情上，满足于自己可以支配的东西。不要光是看着那些被嫉妒、被美慕的人，思想上跟着那些人跑。倒是应该把眼光放到生活贫困的人身上，想想他们的痛苦，这样，就会感到自己的现状很不错、很值得美慕了，就不会老是贪心不足，给自己的灵魂造成苦恼了。因为一个人如果美慕财主，美慕那些被认为幸福的人，时刻想念着他们，就会不由自主地不断搞出些新花样，由于贪得无厌，终于做出无可挽救的犯法行为来。因此，不应该贪图那些不属于自己的东西，而应该满足于自己所有的东西，把自己的生活与那些更不幸的人比一比。想想他们的痛苦，自己就会庆幸命运比他们好了。采取这种看法，就会生活得更安宁，就会驱除掉生活中的几个恶煞：嫉妒，眼红，不满。（D191）

（15）应当认定国家的利益高于一切，以便把国家治理好。决不能让争吵破坏公道，也不能让暴力损害公益。因为治理得好的国家是最可靠的保证，一切都系于国家。国家健全就一切兴盛，国家腐败就一切完蛋。（D252）

（16）在民主国家里受穷，胜于在专制国家里享福，正如自由胜于受奴役一样。（D251）

（17）内战对双方都有害，它使胜败双方同遭毁灭。（D249）

（18）只有团结一致，才能办好大事，例如进行战争；不团结是办不到的。（D250）

（19）法律的目的是使人们生活得好。可是要达到这个目的，一定要人们愿意幸福。对遵守法律的人，法律才是有效的。（D248）

（20）统治权自然属于上等人。（D267）

（21）你要像使用四肢一样使用奴隶，让这一些干这种活，让那一些干那种活。（D270）

（22）应该洞察到人生是脆弱的、短促的、多灾多难的，所以应该只要一份中等财富，把大量努力用在最必需的事情上。（D285）

[转引自《西方哲学原著选读》（上卷），商务印书馆1981年版，第52—54页。]

著作残篇（二）：德谟克利特写给赫罗多德的书信

赫罗多德：有些人不能细看我的每一部自然哲学著作，也不能深入钻研我那些大部头的著作，我已经给他们准备了一个提要，概述整个系统，使他们比较容易掌握我的基本理论。这样，当他们对自然发生兴趣，要研究我的主要思想的时候，就可以比较方便了。

另一方面，那些已经精读过我的全部著作的人，也需要把我的学说的基本要点牢记在心，因为我们经常需要的是大线索，而不是备知细节。要准确地掌握细节，必须一步一步追溯到整个学说。如果认清了、记牢了真正的基本思想，然后把它应用到各个方面、应用到各个特殊思想、应用到每一句话上，那就可以达到既弄清细节、又掌握大体的双重目的。精通一种学说的人，是能够很快地抓住一般思想的人。一个人如果不能把一点一

128

滴地钻研的东西概括成几句话，就不可能掌握我的整个学说，不可能抓住它的总线索。

这种方法对每一个认真研究自然哲学的人都很有用，凡是决心下工夫钻研这门学问、寻求生活宁静之道的人，都应当象这样作出提要，概括我的全部理论。

我们首先必须弄清词语的确切涵义，赫罗多德，这样才能把它联系到实际事物上，当作标准，来评判我们的各种意见、想法和怀疑。这样，我们就不致于毫无结果地辩论个没完没了，尽说空话。我们讨论问题、辨析观点、提出怀疑的时候，一定要首先把每个字的意义都弄清楚，而不要滥加证明。然后要对照着我们的感觉，对照着理智的直觉，或者对照着某个别的标准，来观察万事万物。同时还要注意到我们的直接感受。这样才能根据各方面的征象，对可以感觉到的东西和感觉不到的东西下判断。

弄清这些道理之后，现在就来研究感觉不到的东西。首先，无中不能生出有来，因为如果有物产生，那就是一切中产生出一切，并不需要什么种子。另一方面，如果消失的东西化为乌有，那就会一切都消灭了，因为它们分解成的东西只能是乌有。由此可见，宇宙过去同现在一样，将来也永远同现在一样，因为它不能变成什么另外的东西，也不会有什么宇宙以外的东西进入宇宙，引起变化。

宇宙为形体所组成。形体的存在是感觉充分证明了的，感觉，我再说一遍，就是推理的基础，我们就是根据它推知感觉不到的东西的。可是，如果没有我们说的那个"虚空""场所""不可触的实体"，形体就无处存在，不能像我们看到的那样运动了。

除了这两样以外，我们不论凭直觉，还是按直觉材料类推，都无法设想还有什么别的东西真正存在。我说的真正存在是完备的本性，并不是什么偶性。在形体当中，有些是复合物的，有些是组成复合物的元素；这些元素是不可分的，而且是不变的，因为没有一样东西能化为无，复合物解体时必定有一些实在的东西继续存在着，它们的本性就是充满，不能从任何地方把它们打碎。因此这些元素必然应当是形体的不可分的部分。

宇宙是无限的。因为有限的东西总有一个边界，而边界是靠比较才显示出来的。宇宙既然没有边界，也就没有止境，既然没有止境，也就必然是无限的，不是有限的。说宇宙无限，是从两个方面说的，一是它所包含的形体无限多，一是它所包括的虚空无限广。如果虚空无限广大而形体的数目有限，形体就会在无限的虚空中胡乱分散开来，因为没有什么东西顶住它们，也没有什么东西使它们重新团聚。如果虚空是有限的，形体的数目是无限的，形体就会无处容身了。

此外，不可分的坚固物体（复合物由它们产生，也分解成它们）在形状方面还有数不清的差别，因为这么丰富的事物决不能来自原子的数目有限的形状。因此每一形状的原子数目都是完全无限的，但是它们形状的差别却并不是完全无限，而只是数不清。

原子永远不断在运动，有的直线下落，有的离开正路，还有的由于冲撞而向后退。冲撞后有的彼此远远分开，有的一再向后退，一直退到它们碰机会与其他原子卡在一起才停止，还有的为卡在它们周围的原子所包围。这一方面是由于那将各个原子分隔开来的虚空的本性使然，因为虚空不能提供抵抗力，另一方面，则是由于原子的坚硬使它们冲撞后向后退，一直退到冲撞后与其他原子卡在一起时所能容许的那样远的距离。这些运动都没有开端，因为原子与虚空是永恒的。

这些简单的说明，如果将它都记在心中，对于我们理解存在物的本性就会提供一个足够的轮廓。

还有，存在着无限数目的世界，它们有的像我们的世界，有的不像我们的世界。因为原子数目无限，这是已经证明了的，它们广布到遥远的空间。因为那些原子具有可以产生或制造出世界来的本性，它们并没有在一个世界或在有限数目的世界上面被用光，也没有在所有相像的世界或与这些不同的世界上面被用光，所以不会有妨碍无限数目的世界的障碍存在。

而且还有许多影像，与坚固的物体形状相似，而在结构的细微上则远超过可感觉的东西。因为并不是不可能在围绕对象的东西中形成这样一些放射物，也不是不可能有机会形成这种稀薄的结构，也不是不可能有一些流出物保持着自己以前在坚固物体中原有的位置与秩序。这些影像我们称为"相"。

其次，在可感觉的事物中，并没有什么东西与我们认为影像在结构上有不可超越的细微性的那种信念相矛盾。因此，影像也具有不可超越的运动速度，因为它们的一切原子的运动都是一致的，此外，也没有东西或极少东西以冲撞来阻止它们放射，而一个由许多个或无限个原子构成的物体，则会立刻为冲撞所阻止。此外，也并没有什么东西与我们认为"相"的产生和思想一样迅速的那个信念相矛盾。因为原子之从物体表面流出，是继续不断的，可是这并不能根据物体的大小有任何减少而察觉出来，因为丢失后又不断地填充上了。影像的流出，在一个长时间里，保持着坚固物体中原子的位置与次序，虽然有时是混乱的。还有，在周围气体中，复合的"相"形成得很迅速，因为它们不必要一直到最里面都是充实的，并且还有一些其他方式产生这种存在物。这些想法与我们的感觉全不矛盾，如果

131

注意一下在什么情况下感觉会给我们从外物带来清晰的形像，以及在什么情况下它会带来相应的性质与运动的次序的话。

我们也一定要认定，当某样东西从外物进入我们时，我们不只是看见它们的形状，并且还想到它们的形状。因为外物不能借助处在它们与我们之间的气体，也不能借助任何一种从我们流到它们的射线或流出物，来使我们形成关于它们本身的颜色与形状的性质的印象，——作得像影像那样好；与外物在颜色与形状上相似，离开对象，按照它们各自的大小，或者进入我们视觉，或者进人我们心中，迅速地运动着，并且以这种方式重新产生一个个别的连续物的形像，而且与原来的对象保持相应的性质与运动的次序，当它们激动感官时，这种撞击是由于具体物体内的原子振动所造成的。

我们由于心灵或感官的认识活动而得到的每个影像，不拘是关于形状还是性质的影像，都是具体对象的形式或性质，这是由于影像不断重复或留下印象而产生的。错误永远在于把意见加到待证明的或不矛盾的事情上面，而结果竟没有得到证明，或者竟发生矛盾了。因为，我们所谓真实存在着的东西，以及作为与存在物相似的东西而被接受的影像（它们或者是在睡眠者身上产生，或者是由于心灵或其他判断工具的某些其他认识活动而产生），这二者之间的相似，若不是有这种性质的某些流出物实际上与我们的感官接触，是不会出现的。若不是有他种运动也在我们内部产生，与影像的认识紧密相连，可是又不相同，谬误是不会存在的；而正是由于这样，假如认识没有得到证明，或是矛盾的，错误就发生了；假如它被证明了，或者不矛盾，那它就是真的。所以我们要极力记住这个学说，一方面为的是使依据清晰见证的判断标准不致被推翻，另一方面为的是使谬误不致像真理那样得到稳固的根据，因而把一切弄得混淆不清。

再者，听觉也是由于从对象跑出的一种流，这就是说话、发声、发噪音或以任何其他方式引起听觉的对象。这个流分散成为微粒，每一个微粒都与整体相似，它们同时保持着性质上的互相符合，还保持着一种特性的统一，这个统一一直引回到发出声音的对象：就是这个统一在大多数情况下在听者方面产生了解，或者，如果没有这种特性的统一的话，那就仅仅表明有外部对象出现。因为如果没有从对象传送过来某种性质上的符合物，这种了解是不会产生的。因此我们不要设想实在的气被发出的语音或被其他相似的声音弄成了一种形状——因为气根本不象这样受到声音的作用——，而是当我们发音时，在我们身上发生一击，立刻挤出一些微粒，这些微粒产生一种气流，具有提供我们听觉的特性。

还有，我们要这样设想：嗅觉正如听觉一样，若不是从大小合适的对象跑出某些微粒来激动感官，是不会引起任何感觉的；微粒有些是这一种的，有些是那一种的，它们激动感官时，有些是以混乱而且奇特的方式，有些是以安静而且悦人的方式。

还有，我们要认定原子除了形状、重量、大小以及必然伴随着形状的一切以外，并没有属于可知觉的东西的任何性质。因为每一个性质都变化，而原子根本不变，因为在引起变化的复合物分解时，一定有某样东西依然是坚固而不可分解的；变化不是变成不存在或由不存在变来，变化是由于某些微粒的地位移动，以及另一些微粒的增加或离开。因此，重要的是：移动地位的物体应该是不能毁灭的，不应该具有变化的东西的本性，而应该有它们自己的分量和形伏。这些一定是固定的。因为即使是我们可以知觉到的东西，由于物质的减少而改变它们的形状时，还是看见它们仍然有形状，而那些性质就不是仍旧存在于变化的对象里，象形状还留存着那样，而是在整个物体中消失了。而这些留存着的微粒就足以引起复合物体里的差异，因为要紧的是某些东西应该留存着，而不被毁灭成不存在。

还有，我们不要设想原子有各种各样的大小，这样，我们的想法就不会与现象的实证相矛盾了，可是我们要设想有某些不同的大小。因为如果如此，我们就可以更好地解释我们的感情与感觉里所发生的事实。而为了解释事物里的性质的差别，却并不需要存在着各种各样大小的原子，因为这样就一定会有某些原子进到我们眼界之内，成为看得见的，但是从来没有见过这样的事，也不能想像一个原子如何能够变成可见的。

此外，我们也不要设想一个有限的物体里能有无限的部分或有各种程度微小的部分。所以，我们不仅要认为达到越来越小的部分的无限分割是不可能的，这样就不致于使一切东西成为稀薄的，以至于在复合物体的组成中存在物不免于压碎以及消耗而成为不存在的；而且我们也不要设想在有限的物体里，有可能无限地继续不断过渡到越来越小的部分。因为如果有人说在一个物体里有无限的部分或有任何程度微小的部分，就不能设想：如何能成为这样的，以及这个物体的大小如何还能是有限的（因为很明显，这些无限的微粒一定有某种大小，不管它们是多末小，这物体的大小也会是无限的）。还有，由于有限的物体有一个边界，即使它本身是不被知觉到的，可是它是可以区别开来的，你不能设想靠在它旁边的那一点在性质上是不相像的，如果你像这样从一点到另一点继续下去，你就可以在你心里一直注意这样的点到无限了。我们还要注意，感觉里面最小的东西与那容许从一部分到另一部分前进的东西既不完全相像，也不是在各方面完全不像，而是与这类物体有某种类似，却又不能被分割成一些部分。但是如果我们根据这种相类似，想把它划分出部分来，一个在这边，另一个在那边，就一定会有与第一点相似的另一点适应着我们的看法。我们从第一点开始继续看这些点，不是在同一点的界限以内，也不使一部分与一部分接触，但却用它们自己的真正特征来衡量物体的大小，在较大的物体里就较多，在较小的物体里就较少。我们要设想原子里的最微小的部分对于整体也有同样的关系，因为虽然在微小上，很明显它是超过了感觉所见到的东西，可是它却有同样的关系。因为实际上我们已经根据原子对于感觉到的物体的关系而肯定它有大小，只是说它在微小上比感觉到的物体差得很远。再进一步说，我们要认为这些最微小的不可分的点，在我们用思想对这些看不见的物体所进行的思考里面，是作为界标，以它们本身提供了对于原子大小度量的基本单位，不拘是较小的还是较大的原子都一样。因为原子的最小部分与可感知的东西的同类部分的类似，足以证明我们到此为止的结论；但是说它们会像运动着的物体那样聚在一起，那却是完全不可能的。

再进一步说，在无限中，我们不应该说"上"或"下"，好像是与一个绝对最高的或最低的东西比照着似的，实际上我们必须说，虽然从我们站着的任何地点，可能向我们头上那个方向进展到无限，可是绝对最高点却永远不会对我们出现。通过所想到的一点向下直到无限的那个东西，对于同一个东西说，也不能同时又在上又在下，因为这样想是不可能的。所以我们可以把那被想成向上达到无限的运动看成一个单独的运动，而把向下达到无限的运动看成另一个单独的运动，虽然那个从我们跑到我们头上的地方去的东西有无数次到达了那些在上面的东西的脚下，那个从我们跑到下面去的东西达到了那些在下面的东西的头上。因为尽管如此，在这两种情况之下，整个运动都是被想成向对立的方向一直进到无限。

并且，当原子在虚空里被带向前进而没有东西与它们冲撞时，它们一定以相等的速度运动。因为当没有东西与它们相遇时，重的原子并不比小的和轻的原子运动得更快；而当没有东西与它们相撞时，小的原子也不会比大的原子更快，它们的整个行程是等速的；由于打击而产生的向上或向一旁的运动，也不会更快，由于原子本身的重量而产生的向下运动也不会更快。因为只要这两种运动有一种在进行，就有像思想一样快的行程，一直到有一样东西从外面阻止了它，或者由于原子本身的重量对打击它的那东西的力量发生反作用而阻止了它。再者，当原子通过虚空而没有遇到任何物体发生冲撞时，它就在一个不可想像的短时间内完成一切可以思议的距离。因为快慢现象的产生，是由于有冲撞以及没有冲撞。再者，虽然事实上一切原子速度相等，但是在复合物体里，也可以说一个原子比另一个原子快些，这是因为即使在最小的一段连续时间内，复合物体里所有的原子都是向一个地方运动，虽然在只有思想才能知觉到的瞬间里，原子并不是向一个地方运动，而是经常地彼此挤撞，一直到它们的连续运动达到感觉范围之内。因为对看不见的东西加上一种意见，认为在只有思想才能知觉的瞬间中也会包含着连续运动，在这类情形之下，乃是不对的，因为我们要记住，我们用感官观察到的，或者用心灵通过一种认识而把握到的，才是真的。也不要设想在只有思想才能知觉到的瞬间里，运动的物体也跑到它的组成原子所移动到的某些地方去（因为这也是不可设想的，在那个情形之下，当整个物体在一段可感觉到的时间内从无限虚空中任何一点来到时，它不会是从我们认识到它的运动的那个地方出发的），因为即使我们超出知觉界限设想物体运动的速度并不由于冲撞而迟缓，整个物体的运动仍然是它的内部冲撞的外部表现。此外，把握住这个基本原则也是有好处的。

其次，永远要以感觉以及感触作根据，因为这样你将会获得最可靠的确信的根据。你应该认为灵魂是散布在整个构造中间的一团精细的微粒，很像混合着热的风，在某些方面像风，在另一些方面像热。还有一部分在组织的精微上甚至于比这两部分还远远高出许多倍，因此它更能够与整个构造的其他部分保持密切接触。所有这些部分，都由灵魂的活动和感触、灵魂运动的敏捷、灵魂的思想过程以及我们死亡时所失掉的东西而显示出来。此外，你还要理解到灵魂拥有感觉的主要原因，可是灵魂如果不是以某种方式为结构的其余部分所包住，它就不会得到感觉。而这个其余的部分又由于供给灵魂以这种感觉的原因，它自己也就从灵魂获得一份这种偶然的能力。可是它并没有得到灵魂所具有的全部能力，所以灵魂离开了身体，身体就不再有感觉。因为身体永远不是自身具有这种能力，只是常常对另一个存在物为这种能力提供机会，而这个存在物是与它自身同时出现的，这个存在物由于具有本身内部准备好的力量作为运动的结果，常常自发地为自身产生出感觉能力，然后把它也传达给身体，这是由于接触以及运动的配合所造成，我已经说过的。——所以，只要灵魂留在身体里，即使身体的某个其他部分失掉了，灵魂也不会没有感觉；可是，当包住灵魂的东西或是全部或是部分离开时，灵魂的某些部分也就随之消灭了，而灵魂只要继续存在，就保有感觉。另一方面，结构的其余部分如果一旦失掉了，那合起来产生灵魂的本性的全部原子，不管多么小，虽然继续整个或部分地存在，也不会保有感觉。还有，如果整个结构分解了，灵魂分散开来了，不再有同样的能力，也不再运动了，这样，灵魂也就没有感觉了。

因为，如果灵魂不在这个机体里，而且不能引起这些运动，如果包围着灵魂的不再是灵魂现在存在于其中并且在其中实现这些运动的环境时，是不可能想像灵魂有感觉的。还有，我们也必须明白了解，"无形体"这个语词，一般是用来表示那可以被认为独立存在的东西的。可是不可能设想无形体的东西是单独的存在物，除非是虚空，而虚空既不能作用也不能被作用，它只是通过自身供给物体以运动的机会。因此那些说灵魂无形体的人是瞎说。因为如果它有这种本性，它就在任何方面都不能作用或被作用了。但是事实上，对于灵魂说，这两样事情都是很明显突出的。如果按照感触和感觉的标准来判断这一切关于灵魂的推理，并且记住我在起初所说的，就会看出那些推理都充分地包容在这些一般公式里面，可以在这个基础上把整个系统的各项细节准确地制定出来。

此外，对于物体，我们是用形状、颜色、大小、重量以及其他一切来述说的，好像这些东西或者是一切事物的伴随特质，或者是可以由感觉到这些性质而看到或认识到的事物的伴随特质，可是我们不要把它们或者设想成独立的存在物（因为那样想像是不可能的），或者设想成绝对不存在，或者设想成伴随着物体的某种其他的无形体的存在物，或者设想成物体的物质部分；我们倒应该设想整个物体的全体是由于这一切而得到它的永恒存在，可是意思并不是说，物体是那些由合起来形成物体的特质所组成（譬如，一个大的结构是由组成这个结构的各部分放在一起而造成，不管是起码的单位大小，或是其他比这个结构本身小的各部分，不拘是什么），而只是像我所说的，物体是由于这一切特质全体而得到它的永恒存在。这一切特质都各有其被知觉到以及被区别开的特殊方式，只要整个物体永远与它们在一起而从不与它们分开；物体正是由于被了解为许多性质的集合，

138

因而得到物体的称谓。

　　还有，物体常常有偶性，偶性并不是恒常地伴随着物体；这些偶性，我们不要设想它们根本不存在，也不要设想它们具有整个物体的本性，也不要把它们设想成可以列入不可见的东西，或者设想成无形体的东西。所以当我们按照最普通的用法使用这个名词时，我们要弄清楚，偶性既没有我们了解为集合体并且称之为物体的那个整体的本性，也不是恒常伴随着物体的那些特质；没有这些特质，一个一定的物体就是不能设想的。但是作为某些认识活动的结果，只要有聚合的物体同它们在一起，它们每一个就都可以用这名词来称呼，但是只有见到它们出现的时候才可以这样做，因为偶性并不是永恒的伴随物。我们不要由于偶性没有它所依附的那个整体的本性，也没有那些恒常的伴随物的本性，便把这个清楚的事实逐出存在的领域之外；我们也不要设想这种偶然的东西是独立存在的（因为这对于偶性以及对于永恒的特质都是不能设想的），但是，正由于它们呈现在感觉中，我们必须把它们认作呈现于物体的偶性，而不认作永恒的伴随物，或者以为它们自身是属于物质存在物之列的，确切地说，应该把它们了解为正好像我们实际感觉所表示的它们的特性那样。

　　并且，你还要牢牢记住这一点：我们寻找时间，不要像在一个对象中寻找其他一切东西一样，把它们归结到我们心中所觉察到的一般概念，而必须采取直接的直观，我们便是按照这个直观来说"一段长时间"或"一段短时间"，并且把我们的直观应用在时间上来加以考察，如同我们对其他的东西所作的一样。我们也不要找寻也许更好的语词，只要使用那些普通应用到时间上面的语词就成了。我们也不要用任何别的东西来述说时间，把那东西当作具有与这种特殊知觉同样的基本性质，像有些人所作的那样，我们必须单单特别注意我们拿来联系这个特殊知觉并且用来衡量它的那个东西。因为其实这是无需证明的，只要反省一下，就可以看出我们是把它联系在白天与黑夜以及昼夜的区分上，也把它联系在内部的感触或没有感触上，也把它联系在运动与静止状态上，也正由于同运动和静止相联系，我们便认为这个知觉是一种特殊的偶性，因此我们称之为时间。

除了我们已经说过的以外，我们还必须相信，众多的世界，以及一切不断地显示出与我们看见的事物相似的外观的有限复合物体，都是从无限中生出来的，凡是这样的东西，较大的和较小的全一样，都是从单个的物质集团分出来的，这一切东西又再分散，有的较快，有的较慢，有的遭遇到这一系列原因，有的则遭遇到另外一系列的原因。我们还应该相信，这些世界的产生，既不必是具有同一个形状的，也不必是具有各种形状的。还有，我们必须相信，在一切世界里，都有我们在这个世界里所见到的动物、植物以及其他事物，因为并没有人能够证明，在一个属于某一类的世界里，会或者不会已经包容着我们所见到的动物、植物和一切其他事物由之组成的种子的种类，而在一个属于另一类的世界里，这些种类则是不能存在过的。

再进一步说，我们必须设想，人类的本性也只是接受环境的教训，被迫去作许多各式各样的事情，后来理性对自然所提示的东西进行加工，作出进一步的发明，在某些事情上比较快，在另一些事情上比较慢，在某些时代作出伟大的进展，在另一些时代进展又较小。所以在最初的时候，名称也并不是审慎地加到事物上的，人们的本性由于部族的不同而具有自己的特殊感触，接受自己的特殊印象，因之每一部族都以自己的方式来吐气，所吐出的气根据每一种这样的感情与印象而形成定型，又由于住的地方所引起的各族之间的差别而有所不同。后来，在每一部族里，由于公认而审慎地提出特殊名称，为的是使这些名词的意义减少纠缠不清并且表明起来更简单。有时有些人把一直不为大家知道可是他们自己熟悉的东西带过来，并且把它们的名称介绍过来，有时是自然而然地不得不说出它们来，有时则是由于依照通行的结合方式进行推理而选用它们，这样就使得它们的意义明确了。

还有，不能认为天体的运动和旋转、日月蚀、升起、降落以及与这些相类的现象，是由于某种实体使然，这个实体管制、规定或者曾经规定过它们，同时又享受着完全的福祉与不朽（因为困难、忧虑、愤怒是和恩惠与幸福的生活不调和的，这些事情发生在有懦弱、恐惧以及依赖邻人的地方）。我们也不要相信天体会有幸福，并且自动使自己担当起这样的运动，它们不过是聚成一堆的火。当我们用名词来表示像福祉、不朽这类概念时，我们必须保持它们的充分庄严的意义，为的是不致从它们产生出与庄严的概念相反的意见。不然这个矛盾就会在人们的灵魂中引起最大的纷扰。所以我们必须相信，在世界的产生过程中，由于在这样一团一团的东西里原来包含着物质，因而这个有固定秩序的规律也就由之产生了。

还有，我们一定要相信，确切地发现最基本的事实的原因，乃是自然科学的任务，我们要相信，由于认识天象而得到的幸福就在于此，也就在于了解从这些天象里见到的各种存在物的本性，了解其他一切与我们的幸福所必需的精确知识有关的东西。要知道，凡是以多种方式出现的东西，或者可以用别种方式出现的东西，都不属于上述的那些东西，凡是引起怀疑或不安的东西，都不能包括在具有不朽的和幸福的本性的东西里。这一

141

点我们的心智可以确定是绝对如此的。但是，属于考察升起、降落、旋转、日月蚀之类的事情，对于知识所带来的快乐说，却没有任何价值，觉察到这一类事情的人们，仍然不知道这些事情的本性、根本原因是什么，依旧在恐惧之中，正像他们根本不曾知道这些事情一样。事实上，他们的恐惧甚至于可能更大，因为由于观察到这些事情而发生的惊奇，是不能发现任何答案或明了它们基本规律的。因此，关于旋转、降落、上升、日月蚀之类的现象，即使我们发现了某些原因（我们考察特殊现象就是如此），我们也不要以为这些事情的探讨没有达到充分准确的地步，因而觉得对我们心灵的平静与幸福无所帮助。所以当我们研究天象以及一切不能为感官察知的东西时，我们要仔细考察一种相似的现象在地球上以多少方式产生。我们应该藐视那些人，他们不认识那种只能以一种方式存在或发生的东西，也不认识我们远远望见的东西中那种可以用几种方式发生的东西，他们更不明白在什么条件下心灵不能平静，以及在什么条件下心灵能够平静。因此，如果我们认为一种现象是或然地以这一类的某种特殊方式发生，并且认为在一些情况下我们一样可以平静，当我们发觉它可以用几种方式发生时，我们就会像知道它以某种特殊方式发生一样，很少被扰乱。

除了所有这些一般的事情之外，我们还要把握住这一点：人们心里的主要不安的发生，乃是由于他们认为这些天体是幸福的与不朽的，可是又具有与这些属性不相合的意志、行为与动机；此外也是由于他们总是期待或想像着某种永久的苦难，像传说里所描述的那样，甚至于害怕死后会失掉知觉，好像这与他们有切身的关系似的；并且，也是由于他们之所以陷入这种情况，并不是以推理的意见为根据，倒是凭借某种非理性的预感，因此，由于他们不知道苦痛的限度，他们所受到的纷扰，比起根据意见达到这个信仰时所受到的纷扰来，是同样巨大，甚至更加广泛。而心灵的平静则是从以上所说的一切中解救出来，对一般的以及最基本的原理怀着经常不断的记念。

因此，如果对象是一般的，我们就应该注意一般的内部感触和外部感觉，如果对象是特殊的，我们就应该注意特殊的内部的感触和外部的感觉，我们还应该按照每一个判断标准来注意每一个直接的直觉。因为我们如果注意到这些，我们就会正确地找到我们心理上的不安与恐惧之所以发生的原因，并且，由于学习了天象以及其他一切经常发生的事件的真正原因，我们就会摆脱一切使其余的人发生极端恐惧的东西。

赫罗多德，这就是我关于一般原理的性质的一些要点的论述，这是一个简要的论述，这样我的说明就会易于准确把握了。我认为，即使一个人不能考察这个系统的所有细节，他也会由这个论述获得一种力量，与别人比起来可称无敌。因为事实上他将会根据我们的一般系统弄清楚许多细节，而这一些原理，如果他记在心里，是会经常帮助他的。因为它们的特点是这样，即使那些现在正把细节研究到相当的程度、甚至已经全面研究过的人，也会根据这样的纲要指导他们的分析，来进行他们对于整个自然的大部分考察。至于那些还没有充分达到完满境地的人，有一些则可以根据这个纲要，无需口授而很快地得到一个关于最重要的事情的概观，从而获得心灵的平静。

[转引自《西方哲学原著选读》（上卷），商务印书馆 1981 年版，第159—175 页。]

拉尔修论述德谟克利特

德谟克利特是赫格希斯特拉托斯的儿子，但一些人说他是阿特诺克里托斯的儿子，还有人说他是达马希波斯的儿子。他是阿布德拉人，或者如一些人所说，是米利都人。他曾听过一些波斯僧侣和迦勒底人的课，因为据希罗多德说，由于波斯王薛西斯曾得到德谟克利特父亲的友好接待，他就将那些人留给他的父亲作为德谟克利特的老师。当他还是一个孩子的时候，就从那些人那里学习了神学和天文学。后来，他的父亲又将他托付给留基伯斯和阿那克萨戈拉，据一些人讲，他比后者年轻四十岁。但法伯里诺斯在其《历史杂记》中讲，德谟克利特曾说阿那克萨戈拉的那些关于太阳和月亮的学说并非他本人的，而是来自前人，他窃取了它们而已。由于阿那克萨戈拉拒不接受德谟克利特为学生，德谟克利特恨之入骨，对其宇宙生成论和心灵学说大加嘲讽。如果真的如此，他又怎么能如一些人所说的那样，曾听过阿那克萨戈拉的课？

据德谟特里俄斯在《同名人》中和安提司特涅斯在《师承》中所说，他曾前往埃及向那里的祭司学习几何学，也曾前往波斯拜访迦勒底人，并抵达过波斯湾。一些人说，他还同印度的裸体派哲学家相熟，并前往埃塞俄比亚。作为三兄弟之一，他也分得了家产。许多人说，他选择的是较少的那部分——它们是现金，因为他外出旅行需要钱；而他的那两位兄弟也狡诈地猜到了这一点。德谟特里俄斯说他分得了一百多塔朗同，并花得干干净净。德谟特里俄斯说德谟克利特非常勤奋，他在环绕着住宅的花园里隔出一间小屋，将自己关在里面苦读。有一次，他的父亲为了祭祀牵来一头牛，将之拴在小屋旁边，过了很久的时间德谟克利特也没有发觉，直到他父亲前来叫他参加祭祀并告知牛的事情。德谟特里俄斯还说："德谟克利特似乎到过雅典，但由于他轻视荣誉，故并不渴望被人知晓。他也认识苏格拉底，只不过苏格拉底并不认识他。他曾这样说道：我到过雅典，但无人认识我。"

忒拉叙洛斯说："如果《敌手》是柏拉图的作品，那么德谟克利特就是对话中除了厄诺皮德斯和阿那克萨戈拉之外的那位无名谈话者，即在对话中同苏格拉底谈论哲学的那人——他对苏格拉底讲，哲学家应像一位全能运动员。"事实上，他在哲学方面就是一位全能运动员，他曾学习过自然哲学、伦理学，还学习过数学以及其他普通科目，对各种技艺也颇为精通。下面这句格言就出于他："言是行的影子。"而法勒隆的德谟特里俄斯在其《苏格拉底的申辩》中甚至说他从未去过雅典，这只是为了进一步显明他对如此伟大的城邦也不放在心上，他不想从这样的城邦中获取他的名望，相反，他希望一个城邦因为他而声名显赫。

从他的著作中也可以看出他究竟是一个什么样的人。忒拉叙洛斯说："他似乎是毕达哥拉斯学派的热忱信徒，而且他还论及过毕达哥拉斯本人，在一部名为《毕达哥拉斯》的著作中对毕达哥拉斯大加赞扬。他似乎从毕达哥拉斯那里获取了他的所有思想，如果不是时间加以阻止的话，人们甚至会认为他曾聆听过毕达哥拉斯的讲课。"不管怎样，与他同时代的莱吉翁的格劳科斯说他曾听过毕达哥拉斯学派的一位成员的课。库日科斯的阿波罗多洛斯还说他同菲洛拉俄斯相熟。

安提司特涅斯说，他不断锻炼自己，用各种方式检验自己的种种感知；他时常一个人独处，甚至在墓地打发时间。安提司特涅斯还说，他游历归来后，过着一种卑微的生活，因为他已经花光了他的全部钱财；由于贫穷，他时常受到其兄弟达马索斯的接济。但当他成功预言了一些事情后，他一下子就名声远播，在余下的日子里他被人们当做神一样加以尊敬。当时有一条法律，规定凡是挥霍完了遗产的人死后不配葬在祖国。安提司特涅斯说，德谟克利特很清楚这一点，他也不愿受到那些嫉妒和中伤他的人的起诉，于是他向人们朗诵他的《大宇宙》——该书是他所有著作中最好的，并赢得了五百塔朗同的奖励。不仅如此，他还赢得了一尊铜像。他死后，人们以国葬的方式安葬了他。他活了一百多岁。但德谟特里俄斯说，是他的亲戚朗诵了《大宇宙》一书，赢得的奖励也只有一百塔朗同；希珀伯托斯也持同样的说法。

阿里斯托克色诺斯在《历史的记忆》一书中说，柏拉图曾想烧毁他所能收集到的德谟克利特的所有著作，但毕达哥拉斯学派的阿密克拉斯和克雷尼阿斯阻止了他，说那样没有任何用处，因为那些书早已经广为流传了。下面这一点也显明了柏拉图对德谟克利特的愤恨：柏拉图几乎提及了所有先前的哲学家，却唯独不提德谟克利特，甚至在那些本应对之加以反驳的地方也不加提及。显然他很清楚，如果他那么做，在他和这位哲学家中最优秀的一位之间必将发生一场战斗。提蒙用下面的诗句颂扬了这个人：

德谟克利特，一位非常智慧的人，言辞的领袖，

我所知的最优秀的谈话者。

就时间而言，正如他本人在其《小宇宙》一书中所说，当阿那克萨戈拉步入老年时，他还是一位年轻人，他比阿那克萨戈拉要小四十岁。他还说他是在特洛伊陷落七百三十年后写下了《小宇宙》一书。阿波罗多洛斯在《编年史》一书中说，他出生在第80届奥林匹亚运动会期间，而忒拉叙

洛斯在《德谟克利特著作导论》中说，他出生在第 77 届奥林匹亚运动会的第三个年头，因而年长苏格拉底一岁。因此，他应当同阿那克萨戈拉的学生阿尔刻拉俄斯和厄诺皮德斯的学生们同时——事实上他曾提及过厄诺皮德斯。此外，他还论及过巴门尼德和芝诺关于"一"的理论——这两人在他那个时候尤其被人们谈及；他也提及过阿布德拉的普罗泰哥拉——人们一致认为这个人与苏格拉底同时代。

阿特诺多洛斯在《漫步讨论》第八卷中说，有一次，希波克拉底前去看望他时让人带上了一些奶，德谟克利特观察了奶后说道，这是一只刚产下头胎羊羔的黑山羊的奶，这令希波克拉底对他的观察之精准啧啧称奇。此外，随希波克拉底前来的还有一个女孩，在第一天早上他向她问候说："你好，姑娘。"而第二天早上他问候她时却说："你好，夫人。"因为在晚上那女孩已经失身了。

赫尔米珀斯说德谟克利特死于下面这种情形。当他非常衰老行将死去的时候，他的妹妹认为他会在地母节期间去世，对此非常焦急，因为那样一来她就无法履行对神的义务。德谟克利特让她不要担心，并吩咐她每天都给他送来热面包。他将那些热面包放在他的鼻孔边，活过了地母节。但三天的节日一结束，他就没有任何痛苦地交出了生命。据希帕尔科斯说，他活了一百零九岁。

关于他，我们在《帕美特洛斯》中写下了这样一段话：

> 谁会如此的智慧，谁又能做
>
> 德谟克利特所做过的那些非凡的事情？
>
> 当死神降临时，他让他在家里待了三天，
>
> 用面包的热气盛情款待。

以上就是这个人的生平。

他的学说如下：宇宙的始基是原子和虚空，其余的一切都是意见的产物。世界的数目是无限的，它们既生成又毁灭。没有任何东西从无中产生，也没有任何东西在毁灭后归于无。原子在大小和数量上都是无限的，它们在宇宙中以涡旋的方式运动着。由此它们产生出各种复合物，以及火、水、气和土——因为它们也是由某些原子聚积而成，而原子由于其坚实性而不会遭受任何影响，也不会发生变化。太阳和月亮也是由这些光滑的圆形的原子聚积而成，灵魂同样如此——而灵魂和理性乃同一个东西。我们之所以能够看东西，是因为事物影像的冲击。

万物都根据必然性而产生，而涡旋运动乃导致万物得以生成的原因，他称之为必然性。生活的目的是愉悦，它并不如一些人所错误地以为的那样与快乐是一回事；由于愉悦，灵魂平静而安泰地活着，不为任何恐惧、迷信和其他任何的情感所打扰。他将这种愉悦称为幸福以及许多别的名字。事物的各种性质都是约定俗成的东西，而原子和虚空则是自然而成。以上就是他的学说。

…………

叫德谟克利特的有六个人。第一位就是这位哲学家；第二位与他同时，是开俄斯的一位音乐家；第三位是安提戈洛斯曾提及过的一位雕塑家；第四位是一位作家，著有关于爱菲斯神庙和萨摩特拉克城邦的书；第五位是一位诗人，其诗非常清丽典雅；第六位是珀尔迦谟斯人，精通演讲术。

[引自拉尔修著，徐开来、溥林译：《名哲言行录》，广西师范大学出版社 2010 年版，第 450—457 页。]

主要著作

据说是由忒拉叙洛斯整理，按类别划分。

（一）伦理学著作

《毕达哥拉斯》

《论智者的安排》

《论冥府里的事情》

《忒里托格尼娅》或《三物之母》（因为所有关乎人事的三样东西都出自她）

《论勇敢》或《论德性》

《阿玛尔忒娅的角》

《论高兴》

《伦理学评注》

（二）自然哲学著作

《大宇宙》

《小宇宙》

《宇宙结构学》

《论行星》

《论自然》（一卷）

《论人的本质》或《论肉体》（《论自然》的第二卷）

《论理性》

《论感觉》或《论灵魂》

《论气味》

《论颜色》

《论（原子的）不同形状》

《克拉提特里亚》

《论影像》或《论预见》

《论逻辑》或《思想的标准》（三卷）

《问题集》

（三）未归类的著作

《天体现象的原因》

《空气现象的原因》

《地球表明的原因》

《论火及火中事物的原因》

《论声音的原因》

《论种子、植物和果实的原因》

《论动物的原因》（三卷）

《各种杂乱的原因》

《论磁铁》

（四）数学著作

《论角的差异》或《论与圆周或球体的联系》

《论几何》

《几何学》

《数》

《论无理线段和立体》（两卷）

《球的投影》

《大年》或《天文学》

《历法》

《水钟和天的争论》

《天象图》

《地理学》

《极地图》

《光线图》

(五) 文艺著作

《论韵律与和谐》

《论诗歌》

《论诗歌的优美》

《论悦耳和不悦耳的文字》

《论荷马》或《论史诗的表达和修辞》

《论歌曲》

《论语词》

《专名词典》

(六) 技艺著作

《预知》

《论生活习惯》或《论饮食》

《医学杂论》

《论适应季节和不适应季节的事物的原因》

《论耕作》或《关于土地测量》

《论绘画》

《策略论》

《论穿戴盔甲作战》

（七）评注性著作辑录

《论巴比伦的圣书》

《论麦洛埃的圣书》

《外海航行》

《论历史》

《论迦勒底人》

《论佛里基亚人》

《论发烧及那些因病咳嗽的人》

《因果律》

《手写的问题》

参考书目

1. W. 卡佩莱：《苏格拉底以前的学派：残篇和资料》，柏林，1958 年。

2. H. 第尔斯：《希腊学述》，柏林，1965 年。

3. H. 第尔斯、W. 克兰茨：《苏格拉底以前学派残篇》，魏德曼出版社，1974 年。

4. J. 伯奈特：《早期希腊哲学》，伦敦，1930 年。

5. B.A.G. 福莱：《希腊哲学史，泰勒斯到德谟克利特》，纽约，1923 年。

6. W.K.C. 格思里：《希腊哲学史》（第 2 卷），剑桥，1965 年。

7. 汪子嵩、范明生、陈村富等：《希腊哲学史》（第1卷），人民出版社，1997年。

8. 姚介厚：《西方哲学史·古代希腊与罗马哲学（上）》，凤凰出版社，2005年。

9. 爱德华·策勒尔著，翁绍军译：《古希腊哲学史纲》，上海人民出版社，2007年。

10. 北京大学哲学系外国哲学史教研室编译：《古希腊罗马哲学》，商务印书馆，1961年。

11. 北京大学哲学系外国哲学史教研室编译：《西方哲学原著选读》（上卷），商务印书馆，1981年。

12. 叶秀山：《前苏格拉底哲学研究》，三联书店，1982年。

13. 赵敦华：《西方哲学简史》（修订版），北京大学出版社，2012年。

14. 文德尔班著，罗达仁译：《哲学史教程》，商务印书馆，1987年。

15. 罗素著，何兆武、李约瑟译：《西方哲学史》（上卷），商务印书馆，2008年。

16. 黑格尔著，贺麟、王太庆译：《哲学史讲演录》（第四卷），商务印书馆，1978年。

17. 梯利著，葛力译：《西方哲学史》（上册），商务印书馆，1975年。

18. 斯通普夫、菲泽著，邓晓芒、匡宏译：《西方哲学史：从苏格拉底到萨特及其以后》，世界图书出版公司，2009年。

19. 邓晓芒、赵林：《西方哲学史》，高等教育出版社，2005年。